RÉSOLUTION DES CONFLITS DU TRAVAIL EN DROIT SOCIAL CONGOLAIS

Collection « Études africaines »

dirigée par Denis Pryen et son équipe

Forte de plus de mille titres publiés à ce jour, la collection « Études africaines » fait peau neuve. Elle présentera toujours les essais généraux qui ont fait son succès, mais se déclinera désormais également par séries thématiques : droit, économie, politique, sociologie, etc.

Dernières parutions

Jean-Alexis MFOUTOU, *Sur les petits métiers de la rue et de la débrouille au Congo-Brazzaville, Vitalité linguistique et dynamique langagière*, 2023.

Jean-Dominique PÉNEL (dir.), *L'écriture d'Ousmane Sembène dans* Niiwam, 2023.

Lambert EKANGA LOKOKA, *L'enseignement de l'Histoire à l'école secondaire en R.R.C. Intentions d'une réforme et pratiques de terrain*, 2023.

Roger NGOUFO, Paul TCHAWA et Moïse TSAYEM DEMAZE, *Environnement tropical et développement territorial. Pour une géographie décloisonnée et appliquée*, 2023.

Abdoulaye Aboubacrine, *Droit international de l'environnement et droit malien. Vers un droit africain harmonisé de l'environnement*, 2023.

Victor PUATI VANGU, *Les impératifs du développement industriel durable en République démocratique du Congo. Face aux exigences de l'éthique et du leadership,* 2023.

Arsène ELONGO, *Métaphore dans la culture congolaise,* 2023.

Jaribu MULIWAVYO, *Procès contre les rebelles ADF À Beni, Récit d'une tragédie politico-judiciaire*, 2023.

Dieudonné MUSA ALOKPO, *L'éducation en Afrique dans des sociétés en mutation. À partir du cas de la RD Congo*, 2023.

Ruddy KABAMBI TSHITADI, *Internationalisation de l'insécurité des eaux du bassin du Congo. Géostratégie de la sécurité*, 2023.

Zacharie Baenda Fimbo

RÉSOLUTION DES CONFLITS DU TRAVAIL EN DROIT SOCIAL CONGOLAIS

Préface de Claudine Ndusi M'kembe
Postface d'Albert Muluma Munanga G.T.

L'Harmattan

Du même auteur

Diplomaties africaines et crises politiques congolaises. De Nelson Mandela au Clergé catholique national, L'Harmattan, Paris, 2022.

5-7, rue de l'Ecole-Polytechnique, 75005 Paris
http://www.editions-harmattan.fr
ISBN : 978-2-336-41376-1
EAN : 9782336413761

« Difficile de l'éviter et inhérent à la société humaine, le conflit professionnel conduit à la recherche des solutions durables qui font évoluer la législation du travail »

Zacharie Baenda Fimbo

PRÉFACE

Le défi à relever dans le monde du travail reste la restauration de la confiance mutuelle entre les partenaires sociaux et le maintien de la paix sociale. Conduisant à l'amélioration du climat de travail, ceux-ci passent, comme le dit clairement Zacharie Baenda Fimbo, par le dialogue social et les diverses étapes de la résolution des différends professionnels.

Ainsi, les entreprises, à l'instar de toutes les autres organisations, poursuivent toujours la réalisation d'un bon rendement au travers de la productivité et de la rentabilité. Elles cherchent continuellement à améliorer les conditions de vie et de travail des employés et à sauvegarder les intérêts des employeurs. La gestion des entreprises se fonde sur la bonne attente entre les partenaires sociaux.

Le compromis entre les employeurs et leurs travailleurs, qui désamorce un malaise socio-professionnel, est souvent obtenu à l'issue d'un dialogue social. Ce genre de négociation, de consultation et/ou d'échanges d'informations au sein d'une entreprise permet de prévenir les différends professionnels et de les résoudre pacifiquement par un accord collectif. Malgré cette précaution, les divergences d'intérêts entre les partenaires sociaux ne cessent d'engendrer un mécontentement ou un désaccord social et professionnel.

Nombreux et de nature diverses, ces différends professionnels sont catégorisés en deux groupes. Il s'agit des litiges individuels du travail et des conflits collectifs du travail qui ont leurs spécificités particulières et manifestations propres.

Les deux groupes ont comme soubassement les textes légaux et réglementaires en République Démocratique du Congo. Il est établi que l'inspecteur du travail a le pouvoir de concilier les parties en cas de conflits. Bien que les conflits collectifs du travail fassent intervenir la Commission de médiation, l'Inspection du travail est l'organe habilité pour donner le dernier avis avant l'intervention du juge du Tribunal de travail.

Partant d'une réflexion profonde sur les causes intrinsèques et extrinsèques des litiges individuels du travail et/ou des conflits collectifs du travail, leur résolution vise à équilibrer les rapports de force dans la gestion des ambitions entre les partenaires sociaux au sein des entreprises. Elle structure ces différends professionnels, dissipe les malentendus et restaure la confiance entre les acteurs de manière qu'ils continuent à œuvrer ensemble pour atteindre les objectifs connus.

L'auteur de cet ouvrage, Zacharie Baenda Fimbo, à qui revient la palme, s'est livré joyeusement à éclairer sur la procédure légale et le processus à suivre afin de maintenir la paix sociale dans les entreprises. Ce livre, destiné aux enseignants, aux chercheurs et aux partenaires sociaux, trouve sa place dans les annales du monde du travail dans le cadre de la démocratie sociale.

SEM Claude NDUSI M'KEMBE

Ministre de l'Emploi, Travail et Prévoyance Sociale.

REMERCIEMENTS

Cet ouvrage est le fruit d'une analyse approfondie des textes légaux mis à la disposition des partenaires sociaux et des instances compétentes nationales dans le but de solutionner les différends individuels et les conflits collectifs qui naissent au milieu du travail. Résultat de la confrontation des intérêts divergents entre l'employé et l'employeur, leur règlement et l'élaboration de ce livre sont faits dans un contexte socio-professionnel exclusivement congolais. Il permet d'éclairer nos idées sur la défense des droits des travailleurs et des employeurs et sur l'intervention des pouvoirs publics en vue de la consolidation d'une paix sociale au sein des entreprises implantées en République Démocratique du Congo.

Au terme de la rédaction du présent ouvrage, nos sincères remerciements s'adressent à Son Excellence Madame Claudine Ndusi M'kembe, Ministre de l'Emploi, Travail et Prévoyance Sociale qui a bien voulu le préfacer et au professeur Albert Muluma Munanga G. T. pour son temps précieux consacré à la lecture du manuscrit et à la postface. Tous ont bien accepté de mettre leur expérience professionnelle à notre disposition. Notre gratitude va également à l'endroit de tous nos interlocuteurs, membres ou non des différentes organisations syndicales nationales.

Zacharie Baenda Fimbo

AVANT-PROPOS

La résolution des différends individuels et des conflits collectifs du travail ne vise qu'un seul objectif principal : le rétablissement de la paix sociale. Assez fragile, celle-ci est de temps en temps rompue par les parties contractuelles au sein des entreprises, qu'elles soient grandes, moyennes ou petites ou qu'elles soient publiques, privées ou mixtes. L'existence de la théorie des conflits au travail laisse déduire que ces entreprises fonctionnent de telle sorte que chaque groupe socio-professionnel – l'employeur et les travailleurs – lutte pour acquérir et maximiser ses avantages professionnels.

Contribuant à l'émergence du désaccord entre eux, cette situation conduit non seulement au soutien de leurs ambitions professionnelles divergentes avec des « actions-réactions », parfois violentes, mais aussi à l'intervention de l'Etat en vue de garantir l'applicabilité des dispositions légales. Cet interventionnisme étatique se justifie par la nécessité de rechercher les solutions consensuelles durables pour faire asseoir une justice distributive et de rétablir l'ordre public, surtout lorsque ces conflits de travail atteignent le niveau de la grève qui engendre des violences perturbant la quiétude sociale et apportant des changements inattendus. Ainsi, les actions des pouvoirs publics poursuivent la réinstauration de la confiance mutuelle entre les partenaires sociaux et le règlement pacifique de leurs différends individuels du travail et conflits collectifs du travail pour préserver la paix sociale.

Il est généralement constaté que tout au long de l'accomplissement des obligations contractuelles par ces partenaires sociaux, la réalisation de certaines de leurs obligations sociales et/ou de leurs tâches professionnelles les conduit à l'incompréhension, à la mésentente, à la dispute, à la désunion, à la dissension, voire à la rupture du contrat de travail. Suivi des réclamations, des revendications et/ou des manifestations, ce malentendu remet souvent en cause leurs relations socio-professionnelles. La survenance de ces malaises sociaux, qu'ils s'agissent des litiges individuels du travail ou des conflits collectifs du travail, montre la divergence de leurs opinions et de leurs intérêts professionnels. Ainsi, pendant l'exécution du contrat de travail, cette divergence peut intervenir à tout moment entre deux travailleurs ou entre un ou plusieurs travailleurs et l'employeur.

Source de tensions dans les entreprises, ces malaises sont inévitables à cause de la complexité des besoins de l'homme et de la diversité de ses ambitions. Composés de deux catégories de divergences professionnelles : le litige individuel du travail et le conflit collectif du travail, celles-ci résument la confrontation permanente d'intérêts entre les travailleurs et les employeurs et aboutissent souvent à la modification et à l'adaptation des relations sociales et professionnelles existantes.

Bien que ces malaises se diffèrent par le nombre de protagonistes, leur résolution poursuit une même finalité : la paix sociale, la justice distributive et la répartition équitable du revenu de l'entreprise. C'est ce nombre d'acteurs en conflit du travail qui détermine la dimension des différends individuels et des conflits collectifs du travail. Lorsqu'il n'y a qu'un seul travailleur qui entre en désaccord avec son employeur, le différend qui s'en suit est un litige individuel du travail et sa taille est petite. Tandis que s'il y a plusieurs travailleurs mécontents qui s'organisent pour former un front commun contre leur employeur, il en résulte un conflit collectif du travail et sa taille est grande à cause de l'effectif important d'acteurs. Cependant, la procédure légale de leur résolution n'est pas très bien connue par tous les partenaires sociaux congolais et qu'il convient de la vulgariser. C'est la mission assignée à ce présent ouvrage.

Zacharie Baenda Fimbo

INTRODUCTION

Les entreprises, qu'elles soient du secteur primaire, secondaire ou tertiaire, sont constituées des deux catégories d'acteurs principaux qui poursuivent des intérêts divergents. Si les uns – les employeurs – cherchent à maximiser le profit de leurs entreprises au travers de leur productivité et de leur rentabilité, les autres – les travailleurs –, par contre, veulent l'amélioration de leurs conditions de vie et de travail. De leur divergence d'intérêts, naissent incontestablement des différends individuels et professionnels. Facteurs de progrès social, ceux-ci sont inévitables au sein des communautés ouvrières et conduisent souvent à l'intervention des instances compétentes nationales pour les résoudre en adoptant une stratégie qui utilise le potentiel créatif des individus et des groupes en vue de l'instauration d'une paix sociale durable.

Se manifestant différemment, les désaccords entre les partenaires sociaux se divisent en deux groupes. Les uns opposent un seul travailleur avec son employeur, ce sont les litiges individuels du travail. Les autres, par contre, confrontent plusieurs travailleurs mécontents avec leur employeur, ce sont les conflits collectifs du travail. Autrement dit, un litige individuel du travail est un différend entre un employé et son employeur au sujet de leurs relations de travail. Tandis qu'un conflit collectif du travail est un litige qui oppose un groupe de travailleurs à leur employeur pour l'amélioration de leurs conditions de vie et de travail.

Dans le processus du règlement de ces différends individuels et conflits collectifs du travail, la conciliation, la négociation, la médiation et le recours au tribunal de travail constituent les stratégies légales et les plus efficaces pour leur résolution définitive afin de sauvegarder les intérêts de toutes les parties contractuelles[1]. Toutes les étapes de ce processus de résolution des crises au sein des entreprises considèrent les enjeux liés à la défense des avantages professionnels acquis par les parties comme la garantie de leur confiance mutuelle. Elles tiennent compte de l'amélioration des conditions de vie et de travail comme les préoccupations fondamentales de la performance visant la productivité, la rentabilité et l'efficacité professionnelle. Faisant partie de leurs droits sociaux, ces avantages professionnels se rapportent au travail contractuel qui est un droit et un devoir sacré pour chaque Congolais suivant la Constitution de la République Démocratique du Congo[2].

Cependant, la pratique de terrain relève les défis complexes auxquels sont confrontés les travailleurs et leur employeur dans la perspective d'harmoniser régulièrement leurs intérêts et de concilier leurs ambitions afin d'éviter l'éclatement des conflits professionnels. Prenant en compte les contraintes du marché de travail, l'organisation et le fonctionnement des entreprises modernes, l'amélioration des conditions de vie et de travail des employés, le maintien de la paix sociale est une nécessité et un facteur de réussite pour toutes les unités de production, de consolidation des relations de collaboration entre le personnel et d'installation du climat de dialogue social.

Tenant compte de l'évolution de la société et du changement qu'elle impose au monde du travail, de

---

[1] Art. 298-317 du Code de travail congolais. RDC, « Loi n° 015/2002 du 16 Octobre 2002 portant Code du travail », *Journal officiel de la République Démocratique du Congo*, n° Spécial, 43ème, 25 Octobre 2002, pp. 71-79.

[2] Art. 36 de la Constitution congolaise. RDC, « La Constitution de la République Démocratique du Congo », *Journal officiel de la République Démocratique du Congo*, n° Spécial du 18 février 2006. Lire aussi l'article 2 du Code de travail congolais.

l'émergence de nouveaux conflits entre les partenaires sociaux, de l'apparition de nouvelles contraintes professionnelles et de la persistance de malaises sociaux au sein des entreprises, des voix s'élèvent pour se demander : La procédure légale de résolution des litiges individuels et des conflits collectifs du travail est-elle réellement connue par toutes les parties contractuelles ? Les méthodes utilisées pour sa vulgarisation sont-elles vraiment conçues et adaptées de manière à atteindre facilement toutes les couches de la communauté ouvrière ? Ne révèlent-elles pas les limites communicationnelles des instances officielles à propager les informations nécessaires auprès de la masse laborieuse ? Ne montrent-elles pas le déficit des moyens dont disposent les autorités compétentes nationales pour assurer la diffusion des textes légaux en la matière ? N'accordent-elles pas une primauté au dialogue social ?... Par ailleurs, l'interprétation juridique des dispositions légales et réglementaires en cette matière aboutit souvent à la jurisprudence qui adapte la procédure de résolution des conflits professionnels aux attentes de la société et qui accélère l'instauration de nouvelles dynamiques sociales et professionnelles dans le règlement des litiges et des conflits au sein des entreprises modernes.

Répondant principalement à la préoccupation des partenaires sociaux en vue de résoudre pacifiquement leurs litiges, de consolider la paix sociale et de renforcer la cohésion professionnelle au sein de leurs entreprises, l'application de ces textes légaux vise à garantir la réalisation des objectifs de l'entreprise et l'amélioration des conditions de vie des travailleurs. Ces missions sont confiées principalement aux inspecteurs du travail, aux présidents de la Commission de médiation et aux juges du travail. Apportant des solutions appropriées aux attentes de ces acteurs sociaux, ils forment les mandataires publics qui gèrent les instances nationales compétentes en matière de résolution des conflits du travail en proposant des stratégies, des approches, des méthodes et des techniques capables de maintenir la paix sociale.

S'appuyant sur une démarche essentiellement qualitative fondée sur les approches juridiques et sociologiques ainsi que sur la pratique de terrain, les mécanismes de résolution des conflits du travail en droit social congolais accordent une primauté au dialogue social. Ils abordent la question des litiges individuels du travail à travers sa perception, ses causes, ses caractéristiques et son mode de règlement. Ils examinent également le conflit collectif du travail au travers de sa définition, ses formes, ses conséquences et la procédure de sa résolution. Le but poursuivi est d'analyser la manière dont les textes légaux sont appliqués et adaptés par les instances nationales compétentes à l'évolution du monde du travail, d'une part, et de vulgariser le processus de résolution des conflits du travail conformément à l'esprit du législateur congolais, d'autre part.

Dans cette optique, la maîtrise de ces textes légaux et des mécanismes de résolution de conflits du travail apparaissent à la fois comme une branche scientifique à étudier et à enseigner aux managers, aux autorités publiques, aux travailleurs, aux étudiants… et comme un instrument pratique mis à la disposition des inspecteurs du travail et des juges du travail pour garantir la paix sociale et la rentabilité des entreprises.

Tenant à respecter les trilogies « productivité – rentabilité – bien-être », d'un côté, et « paix sociale – cohésion professionnelle – justice distributive », de l'autre côté, les mécanismes de règlement des litiges et des conflits contractuels constituent l'essentiel de cet ouvrage. Celui-ci est le résultat de l'applicabilité des textes légaux en rapport avec le litige individuel du travail et le conflit collectif du travail. Parmi ces textes, les plus importants sont la Constitution de la République Démocratique du Congo, la loi n° 015/2002 du 16 octobre 2002 portant Code du travail congolais et la Loi n° 016-2002 du 16 octobre 2002 portant création, organisation et fonctionnement des tribunaux du travail. Ils sont complétés par quelques dispositions réglementaires, conventionnelles et contractuelles fondant sur la jurisprudence en cette matière. Ces derniers constituent une source importante du droit du travail du point de vue interne ou étatique.

Ainsi, l'analyse des mécanismes affermissant les trilogies établies s'articule autour de deux parties de cet ouvrage qui permettent d'aborder les deux manifestations du mécontentement professionnel d'une manière séparée, suivant la taille des différends et des conflits et l'importance des actions publiques menées par les instances compétentes pour les résoudre. Il s'agit de clarifier la théorie sur les litiges individuels et les conflits collectifs et la procédure légale de leur résolution. N'ayant pas de thèmes dominants, la première partie, consacrée au règlement des litiges individuels du travail, se subdivise en deux chapitres dont le premier chapitre traite de la perception des litiges individuels du travail et le deuxième chapitre analyse le mode opératoire du règlement des litiges individuels du travail en insistant sur le dialogue social. De son côté, la deuxième partie, réservée à la négociation et à la résolution des conflits collectifs du travail, se compose également de deux chapitres dont le troisième chapitre donne les particularités du conflit collectif du travail en insistant sur sa définition, ses causes et caractéristiques, d'une part, et ses formes et les conséquences des manifestations du conflit. Le quatrième chapitre, enfin, traite de la procédure de résolution des conflits collectifs du travail. La fin de cet ouvrage recueille quelques textes législatifs et réglementaires importants en matière de résolution de conflit au travail. Ceux-ci complètent la maîtrise de la réglementation du monde du travail congolais.

PREMIÈRE PARTIE :

LE RÈGLEMENT DES LITIGES INDIVIDUELS DU TRAVAIL

CHAPITRE 1er :

LA PERCEPTION DES LITIGES INDIVIDUELS DU TRAVAIL

Dans le cadre des mécanismes de résolution des crises professionnelles qui s'éclatent au sein des entreprises, les textes légaux les classent en deux groupes : les litiges individuels et les conflits collectifs du travail. Dans la première catégorie, les litiges individuels du travail sont évoqués mais la littérature prête souvent à confusion. Ainsi, la clarification de ce conflit de petite taille s'impose afin de dissiper le malentendu conceptuel et terminologique qui caractérise – à tort ou à raison – les sciences sociales en général et les sciences du travail en particulier. Dans ce chapitre, nous allons, d'abord, préciser les concepts et les termes et, ensuite, spécifier la question des litiges individuels du travail.

1.1. Les précisions conceptuelles et terminologiques

Lorsqu'une mésentente intervient entre un employé et son employeur pendant l'exécution du contrat de travail, elle les conduit souvent au désaccord. De celui-ci nait un climat de méfiance aboutissant souvent à un litige individuel du travail qui est une discordance d'opinions et d'intérêts liée à leurs relations professionnelles et réglée devant l'Inspecteur du travail[3]. Autrement dit, un litige

---

[3] RADJABU ANDJELANI, C. et MANGA ELONGO, J-P, « Règlement des conflits individuels du travail à l'inspection du travail et au tribunal de grande instance de Kindu de 2015 à 2016 », *International Journal of Innovation and Scientific Research*, vol. 40 n° 1, 2018, pp. 32-44.

individuel du travail est un différend qui oppose un travailleur et son employeur et dont l'objet se rapporte aux relations de travail.

Ainsi, le litige individuel du travail se diffère de l'intimidation dans le milieu de service. Celle-ci est constituée des grimaces, des menaces, de la mise sous pression lors de la réalisation d'un travail contractuel. Restant plus souvent verbale qu'écrite, une mesure d'intimidation poursuit un seul objectif : le changement d'attitude. Par conséquent, elle ne se manifeste pas au travers d'une action concrète et violente.

Par ailleurs, étant une contestation professionnelle susceptible de donner lieu à un procès ou à un arbitrage, le litige est d'origine latine [« lis, litis : procès »], puis [« litigium : contestation, querelle »] et fait souvent intervenir une tierce personne lors de la quête de sa solution. C'est dans ce contexte qu'il se distingue de la polémique. Celle-ci est d'origine grecque [« Polemikós : guerre, combat »] et témoigne d'une vive controverse publique, menée le plus souvent par écrit. Elle engendre des contradictions susceptibles d'entrainer la violence, même armée.

Signifiant également le différend professionnel dans certaines circonstances, le litige individuel du travail est un désaccord, une mésentente, une discordance, une controverse, un conflit d'opinion ou d'intérêt qui se vit au sein du monde du travail à la suite de la dégradation des relations de travail entre un travailleur ou un ouvrier et son employeur ou son patron. Par conséquent, il nait, dans leurs agissements, une attitude contradictoire et inamicale soutenue par des actions opposées qui visent la défense de leur position respective.

Ainsi, au sein des entreprises, le litige individuel du travail ne se résume pas par la rivalité. Celle-ci est d'origine latine [« rivalitas : manque d'amour »] et signifie la concurrence des partenaires sociaux opposés, des antagonistes qui prétendent obtenir une seule chose en même temps. En d'autres termes, les rivaux sont des personnes ou des groupes qui sont en compétition ouverte avec d'autres pour acquérir un même avantage professionnel alors que celui-ci ne peut revenir qu'à une seule personne ou à un seul groupe.

C'est dans ce contexte que l'intervention des instances compétentes nationales est toujours requise pour trouver des solutions à un litige individuel du travail. L'apport d'une tierce personne – physique ou morale – dans la résolution de ce désaccord professionnel est la spécificité qui différencie le litige à la discussion. Cette dernière est d'origine latine [« discussio : secousse, ébranlement »] et se définit par un débat contradictoire caractérisé essentiellement par un échange de propos vifs.

Le litige individuel du travail ne se fonde que sur les contradictions et les contestations nées de l'exécution du contrat de travail. Il ne ressemble pas à une dispute qui est d'origine latine [« disputare : examen, débat, querelle »] et qui se manifeste par une querelle émotive très vive. Caractérisant le niveau le plus élevé de la discussion, la dispute aboutit souvent à des altercations qui dégénèrent aux accrochages et à la bagarre. Dans d'autres contextes, elle se manifeste par une lutte acharnée pour obtenir ce qu'un autre possède.

A titre purement illustratif, un litige individuel du travail peut naître d'une action professionnelle en requalification d'un contrat à durée déterminée (CDD)[4] à

[4] « Est à durée déterminée, le contrat qui est conclu soit pour un temps déterminé, soit pour un ouvrage déterminé, soit pour le remplacement d'un travailleur temporairement indisponible ». Article 40 du Code du travail congolais. RDC, « Loi n° 015/2002 du 16 Octobre 2002...*Op. cit.*, p. 18

un contrat à durée indéterminé (CDI)[5]. Cependant, cette illustration ne concerne pas les travailleurs journaliers qui concluent des contrats de travail au jour le jour. L'exclusion de cette catégorie des contractants se justifie par le principe selon lequel un travailleur, qui a déjà accompli vingt-deux journées de travail sur une période de deux mois, sous peine de pénalité, est reconnu avoir conclu un contrat à durée indéterminée lorsqu'il contracte un nouvel engagement avant l'expiration de ces deux mois[6]. Par ailleurs, il n'est pas autorisé à un travailleur de conclure plus de deux contrats à durée déterminée ni de renouveler plus d'une fois un contrat à durée déterminée avec un même employeur ou avec une même entreprise[7].

De la même manière, la prise d'acte d'une rupture unilatérale du contrat de travail à durée indéterminée par le travailleur, sans une faute professionnelle de sa part, engendre un litige individuel du travail. Bien que tout contrat de travail puisse être résilié à l'initiative d'un des partenaires sociaux[8], cette résiliation doit être liée à la conduite de l'employé sur son lieu de travail ou à son aptitude. À ce sujet, les dispositions du Code du travail congolais stipulent que « le contrat à durée indéterminée ne peut être résilié à l'initiative de l'employeur que pour un motif valable lié à l'aptitude ou à la conduite du

[5] « Lorsque le travailleur est engagé pour occuper un emploi permanent dans l'entreprise ou l'établissement, le contrat doit être conclu pour une durée indéterminée ». Article 42 du Code de travail congolais. RDC, « Loi n° 015/2002 du 16 Octobre 2002……*Op.cit.*, p. 18.

[6] Article 40 du même Code de travail congolais…*Idem*, p. 18.

[7] Cette exception n'est autorisée qu'en cas d'exécution des travaux saisonniers, d'ouvrages bien définis et autres travaux déterminés par arrêté pris après avis du conseil National du Travail par le Ministre ayant le Travail et la Prévoyance Sociale dans ses attributions. Article 41 du même Code de travail congolais…. *Idem,* p.18.

[8] Article 61 du Code de travail congolais…. *Ibidem* , p. 22.

travailleur sur les lieux de travail dans l'exercice de ses fonctions ou fondé sur les nécessités du fonctionnement de l'entreprise, de l'établissement ou du service »[9].

Afin d'éviter des abus du pouvoir dans le domaine de licenciement en vue de réduire le risque de litige individuel du travail, le législateur congolais énumère certaines actions que peut poser le travailleur sans qu'elle soit considérée comme une violation des dispositions légales. Tel est le cas de l'affiliation ou de non affiliation syndicale, voire la participation aux activités syndicales en dehors des heures de travail ou – avec le consentement de l'employeur – durant les heures de travail ; du dépôt d'une plainte ou de la participation à des procédures engagées contre un employeur en raison de violations de la législation, ou de la présentation d'un recours devant les autorités administratives compétentes.

Dans le même contexte, le législateur considère que la différence de race, de couleur, de sexe, d'état civil, de religion, d'opinion politique, d'origine sociale, d'appartenance ethnique... ne peut constituer un acte répréhensible pour justifier la résiliation unilatérale d'un contrat de travail à durée indéterminée. A cela s'ajoutent les responsabilités familiales, la grossesse, l'accouchement et ses suites, l'ascendance nationale ou l'absence du travail pendant le congé de maternité.

Par conséquent, toute rupture du contrat de travail à durée indéterminée intervenue sans une raison valable donne droit à la réintégration du travailleur dans l'entreprise ou à des dommages et intérêts fixés par le Tribunal du travail[10]. C'est ainsi qu'une telle résiliation du

---

[9] Article 62 du Code de travail congolais. RDC, « Loi n° 015/2002 du 16 Octobre 2002...*Op.cit.*, p. 22.

[10] Ces dommages et intérêts sont calculés « en tenant compte notamment de la nature des services engagés, de l'ancienneté du travailleur dans l'entreprise, de son âge et des droits acquis à quelque

contrat en violation de la loi – sans préavis ou sans que le préavis soit intégralement observé – comporte l'obligation de verser, à la partie lésée, une indemnité correspondant à sa rémunération et à ses avantages. Toutefois, la somme totale de ces dommages et intérêts ne peut être supérieure à trente-six mois de sa dernière rémunération.

1.2. Les spécificités des litiges individuels du travail

Les litiges individuels du travail se distinguent des autres conflits professionnels au travers de leurs causes, de leurs caractéristiques et de leurs conséquences au sein des entreprises modernes. Ce sont ces éléments qui laissent voir les spécificités de ce différend bilatéral de basse intensité opposant un travailleur et son employeur.

Les causes des litiges individuels du travail

Les facteurs qui occasionnent la survenance d'un litige individuel du travail sont nombreux. Ils se résument essentiellement à une injustice sociale subie par le travailleur de la part de son employeur. Perturbant la paix sociale, le litige individuel du travail est l'expression du mécontentement d'un travailleur devant la répartition inéquitable du revenu de l'entreprise par l'employeur. Il est une réaction contre son exploitation professionnelle.

Ainsi, ce différend professionnel de petite taille s'engageant que deux acteurs – travailleur et employeur – peut intervenir notamment lors de la requalification d'un contrat à durée déterminée à un contrat à durée indéterminé ; du licenciement abusif et sans respect des textes légaux et réglementaires. Il peut aussi naître du mauvais calcul d'un des éléments de la rémunération ; de

---

titre que ce soit ». Article 63 du même Code de travail congolais. RDC, « Loi n° 015/2002 du 16 Octobre 2002…*Op.cit.*, p. 23.

la violation des textes – le Code du travail, la convention collective, le contrat de travail, l'avenant au contrat de travail… De même que le litige individuel du travail peut survenir à la suite du paiement graduel injustifié des rémunérations, de la résiliation ou de la rupture du contrat de travail ; du refus de réintégrer un employé après une résiliation sans motif valable du contrat à durée indéterminée ou de payer des dommages et intérêts conformément à la décision du Tribunal du travail ; du mauvais calcul des dommages et intérêts payés hors délai…

Les caractéristiques des litiges individuels du travail

L'interprétation erronée et la mauvaise application des dispositions légales, conventionnelles et autres sont souvent le fondement des situations conflictuelles. Celles-ci peuvent être à la base du désaccord professionnel entre les partenaires sociaux et aboutir au litige individuel du travail. Se référant au Code du travail congolais, le litige individuel du travail se caractérise par certains éléments particuliers qui le diffèrent des autres différends professionnels. Ainsi, il ne concerne que deux protagonistes : un travailleur et son employeur. N'engageant que les deux parties contractantes, ce litige est bilatéral.

Son mode de règlement est spécifique et se fonde principalement sur la conciliation qui est la procédure légale de sa résolution. Le fondement de mécanismes de conciliation est l'interprétation des normes fixées par la loi, le Code du travail, les règlements d'entreprise, la convention collective, le contrat de travail. Par ailleurs, la seule instance nationale compétente censée apporter une solution durable un lige individuel du travail est l'Inspection du travail. Elle est l'unique institution compétente à connaître du litige.

Ses quatre missions se résument en l'application des dispositions légales relatives aux conditions de travail et à la protection des travailleurs dans l'exercice de leur profession, notamment celles liées à la durée du travail, aux salaires, à la sécurité, à l'hygiène et au bien-être, à l'emploi des femmes, des enfants et des personnes avec handicap, aux conflits collectifs, aux litiges individuels du travail, à l'application des conventions collectives, à la représentation du personnel et d'autres matières connexes ; en la fourniture, d'une part, des informations et des conseils techniques aux employeurs et aux travailleurs sur les moyens d'observer les dispositions légales et, d'autre part, des avis sur les questions liées à l'établissement ou à la modification des installations d'entreprises soumis à une autorisation administrative et des informations, à l'autorité compétente, sur les déficiences ou les abus constatés lors de l'application de ces dispositions légales non couvertes par elles[11].

La saisine de l'Inspection du travail est faite par l'une des parties contractantes au litige ou par son représentant légalement mandaté et qui en a la compétence. Le règlement ou non du litige individuel de travail se constate au travers de l'établissement d'un procès-verbal (PV). Celui-ci est le document sanctionnant la fin des échanges bilatéraux entre les partenaires sociaux au litige.

Cependant, ce procès-verbal, qui doit montrer le constat fait par l'Inspecteur du travail après les échanges organisés entre les parties au litige, peut être celui de la conciliation ou de la non conciliation. Le procès-verbal de

[11] Article 187 du Code de travail congolais. RDC, « Loi n° 015/2002 du 16 Octobre 2002…*Op.cit.*, pp. 48-49.

conciliation est un document à établir par l'Inspecteur du travail à la fin de la procédure de conciliation, lorsque celle-ci aboutit à un compromis favorable ou à une attente entre les parties. Il acte l'accord obtenu dans le cadre de la conciliation[12]. Etant exécutoire, l'une des parties peut demander son exécution forcée si l'autre partie ne le respecte pas. Tandis que le procès-verbal de non-conciliation, par contre, est un document à dresser par l'Inspecteur du travail à la fin d'une procédure de conciliation, lorsque celle-ci a échoué. Il laisse voir qu'aucun accord n'a pu être trouvé entre les parties au litige lors de la procédure de conciliation[13]. Il confirme la persistance du litige justifiant la transmission du dossier de ce litige aux autres instances nationales compétentes du niveau supérieur.

Néanmoins, tous ces procès-verbaux – de conciliation ou de non conciliation – sont signés par l'Inspecteur du travail et les deux parties en litige ou leurs représentants légalement mandatés. Ces signataires tripartites du PV montrent non seulement que le médiateur – l'Inspecteur du travail et les deux protagonistes – l'employeur et le travailleur – approuvent collégialement le résultat obtenu après les échanges mais aussi que ce document est leur décision finale. Celle-ci est exécutoire par les signataires en cas de conciliation. Par contre, elle est non exécutoire en cas de non conciliation et soumise par l'Inspecteur du travail ou l'une des parties en litige au Tribunal du travail.

---

[12] BALOIS-PROYART, J-C, « Anatomie du procès-verbal : les justices de paix, une source pour l'histoire du travail (Paris, années 1790-années 1830) », *Revue d'histoire moderne & contemporaine*, vol. 4-5, n° 61-4/4 bis, 2014, pp. 32 – 64.

[13] *Idem.*, pp. 32 – 64.

Les conséquences des litiges individuels du travail

Ayant une compétence locale et étant présente dans chaque province, l'inspection du travail est le seul organe spécialisé qui traite du litige individuel, survenant entre l'employeur et le travailleur dans le cadre d'exécution du contrat de travail. Ainsi, en cas de conciliation, la décision d'attente est exécutée pour corriger les causes du litige telles que la requalification du contrat d'une durée déterminée à un contrat d'une durée indéterminée, la nullité du licenciement, la réintégration du travailleur, la révision de l'élément mal calculé de la rémunération et son paiement, le respect des textes légaux et conventionnels, le payement des dommages et intérêts dans le délai légal…

Dans le cas où l'Inspecteur dresse un procès-verbal de non conciliation, le litige individuel du travail est soumis au Tribunal du travail qui fait intervenir la procédure de médiation. Celle-ci est un mode de résolution des conflits par lequel un médiateur impartial intervient auprès des parties en litige pour les aider à négocier une entente équitable répondant à leurs besoins[14]. Elle est une intervention extérieure d'un intermédiaire destinée à conduire à un accord qui est un consentement libre et éclairé[15].

Somme toute, le litige individuel du travail est un différend professionnel entre le travailleur et son employeur dans le cadre de la réalisation des obligations contractuelles. Ayant plusieurs causes et entrainant de

---

[14] STIMEC, A et ADIJES, S., *La médiation en entreprise, Faciliter le dialogue - Gérer les conflits - Favoriser la coopération*, Dunod, Paris, 2015, p. 45

[15] BERRETI. P., LITIQUE, A., WILBOIS-LAUZERAL, C., *Médiation des conflits au travail. Guide pratique*, Pearson, Paris, 2021, p. 81.

nombreuses conséquences qui affectent le bon fonctionnement de l'entreprise, il crée un malaise social qui est principalement résolu au niveau de l'Inspection du travail au travers de la procédure de conciliation fondée sur le dialogue social.

CHAPITRE 2 :

LE MODE OPÉRATOIRE DU RÈGLEMENT DES LITIGES INDIVIDUELS DU TRAVAIL

« Ce qui nous rassemble, c'est ce que nous cherchons tous et que nous sommes appelés à le trouver ensemble ».

La résolution des différends individuels du travail suit la procédure légale de conciliation entre les parties au litige à travers le dialogue social. Facilitée par l'Inspecteur du travail, cette procédure donne l'opportunité aux parties de participer activement au processus du règlement de leur conflit professionnel en proposant des solutions durables.

2.1. La primauté du dialogue social

Le dialogue doit être considéré avant tout comme une reconnaissance de sa propre ignorance. Il n'est pas une joute verbale mais une nécessité de reconnaître ses faiblesses afin de briser l'alliance avec le déficit de connaissance. Le dialogue est une conversation, un échange de vues entre deux ou plusieurs personnes[16]. Il est une discussion qui vise à trouver un compromis, une entente, un accord.

Considéré comme un ensemble des répliques échangées lors de la conversation, le dialogue est une association, une alliance des deux interlocuteurs reconnaissant mutuellement le besoin de l'un et de l'autre pour avancer et acceptant les critiques dans un effort de

---

[16] ARNAL-ROUX, P. et TAPONAT, G., *Dialogue social : Former et développer les compétences des acteurs*, De Boeck, Louvain-la-Neuve, 2016, p. 24.

travail commun[17]. Enfin, le dialogue a pour objectif la recherche partagée de la vérité, la libération de l'ignorance, le désir d'un consensus[18]. C'est dans ce cadre qu'il devient un facteur de découverte et du progrès.

Il facilite la mise en commun d'idées permettant de poursuivre un même but. Dans le cadre de l'entreprise, il n'est pas possible d'améliorer les conditions de vie et de travail, d'obtenir des modalités d'emploi équitables pour les rendre décentes, de garantir la sécurité et la santé au travail, de promouvoir le développement social et économique dans l'intérêt de tous les acteurs sans un dialogue sincère dans lequel il y a l'implication active des représentants des travailleurs, des employeurs et du gouvernement[19]. La contribution de tous ces partenaires dans la recherche du règlement des litiges individuels du travail rend le dialogue social nécessaire et irremplaçable.

Le dialogue social ou la négociation sociale

Considéré également comme une négociation sociale[20], le dialogue social est une notion dont le contenu peut prêter à des interprétations multiples et variées. Ainsi, dans sa perception générale et mondiale, l'Organisation Internationale du Travail (OIT) en donne une définition assez large. Elle le définit comme « tous types de négociation, de consultation ou simplement d'échange

---

[17] LANDIER, H., *Dialogue social : Une urgence pour l'entreprise*, L'Harmattan, Paris, 2015, p. 63.
[18] DERRIDJ, L., *Organiser le dialogue social dans sa collectivité*, Dalloz, Paris, 2020, p. 75.
[19] RENEVOT, J. et LAMBERT, R., *Pour une pédagogie du dialogue social dans l'entreprise*, L'Harmattan, Paris, 1999, p. 47.
[20] BERNIER, P., *Relations sociales en entreprise : Engager avec succès dialogue et négociation (Ressources humaines)*, Dunod, Paris, 2018, p. 64.

d'informations entre les représentants des gouvernements, des employeurs et des travailleurs selon des modalités diverses, sur des questions relatives à la politique économique et sociale présentant un intérêt commun »[21]. Cette conception généraliste du dialogue social ne l'enferme pas uniquement dans le domaine du travail.

En d'autres termes, le dialogue social est considéré comme étant l'ensemble des dispositifs au sein desquels se confrontent les intérêts des travailleurs, des employeurs et du gouvernement[22]. Au-delà d'une simple précision terminologique, il sied de comprendre que le dialogue social fait de la négociation un élément d'équilibre des pouvoirs et des intérêts[23]. C'est dans ce contexte qu'il peut être tripartite ou bipartite, appelé aussi bilatéral. Le dialogue social prend la forme d'un processus tripartite lorsque les représentants du gouvernement participent officiellement dans la recherche de l'accord. Il devient bilatéral lorsque les discussions, les relations et la quête d'une entente se passent entre les travailleurs et les chefs d'entreprise[24]. Autrement dit, l'entretien se déroule entre les syndicats ouvriers et les organisations d'employeurs et les deux parties poursuivent un même objectif : le règlement du litige. Cependant, le gouvernement peut éventuellement intervenir d'une manière indirecte.

---

[21] OIT, *Dialogue social : Discussion récurrente en vertu de la Déclaration de l'OIT sur la justice sociale pour une mondialisation équitable : Sixième question à l'ordre du jour*, Bureau International du Travail, Genève, 2013, p. 99.

[22] CHAUCHARD, J-L, *Réussir le dialogue social, Une approche pour tous les acteurs*, Ed. d'Organisation, Paris, 2004, p. 57.

[23] DOMPNIER, M., *Gérer les relations sociales dans l'entreprise : Diriger une réunion de CE, évaluer le climat social, désamorcer une grève...Les dessous des cartes du dialogue social*, Eyrolles, Paris, 2015, 43.

[24] GUILLOT, J-P, *Faire vivre le dialogue social dans la fonction publique d'État*, Ed. de l'Atelier, Paris, 2011, p. 71.

Les processus de dialogue social peuvent être informels ou institutionnalisés, ou encore ils peuvent associer – ce qui est souvent le cas – ces deux caractéristiques. A l'instar de toutes les négociations sociales, le dialogue social peut se dérouler au niveau national, provincial, local ou de l'entreprise. Il peut concerner les problèmes interprofessionnels, sectoriels – professionnels – ou encore les deux à la fois.

L'objectif principal du dialogue social est d'encourager l'atteinte d'un consensus entre les principaux acteurs du monde du travail ainsi que leur participation démocratique dans de but de résoudre des questions économiques et sociales importantes, de promouvoir la bonne gouvernance professionnelle, de favoriser la paix et la stabilité sociale et de stimuler le progrès économique[25]. Le dialogue social devient ainsi le pilier des échanges susceptibles de mener à un consensus entre les protagonistes.

Il en ressort que le dialogue social ne se résume pas à la négociation collective institutionnalisée. Il recouvre l'ensemble des relations qu'entretiennent les travailleurs avec leurs employeurs et dans lesquelles l'État peut jouer directement ou indirectement un rôle de régulateur[26]. Par conséquent, les accords collectifs sont négociés entre les employeurs – le patronat – et les travailleurs – le syndicat ouvrier. Le taux de syndicalisation – la proportion des travailleurs adhérant aux organisations syndicales[27] – et le taux de couverture des accords collectifs – la proportion

---

[23] GUILLOT, J-P., *Osez le dialogue social dans l'entreprise*, Ed. de l'Atelier, Paris, 2010, p. 29.

[26] HALIFA, Y. et EMONT, P., *Dialogue social : prenez la parole : Du combat au débat, de la méfiance à la confiance,* ESF Editeur, Paris, 2014, p. 97.

[27] LAPOINTE, P-A. (sous dir. de), *Dialogue social, relations du travail et syndicalisme. Perspectives historiques et internationales*, PULaval, Québec, 2016, p. 58.

des travailleurs couverts par les accords collectifs[28] – constituent les indicateurs les plus classiques de l'influence des partenaires sociaux sur le droit social.

Branche du droit positif qui est un ensemble des règles applicables dans un espace juridique déterminé qu'il s'agisse d'un Etat unitaire ou d'un ensemble d'États[29], le droit social regroupe l'ensemble des règles régissant les relations individuelles et collectives de travail[30]. Il comprend le droit du travail qui est un ensemble des normes juridiques qui régissent les relations entre un employeur et les employés, encadrant notamment la formation, l'exécution et la rupture du contrat de travail[31] ; le droit de la Sécurité sociale regroupant l'ensemble des règles permettant à tous les prestataires sociaux de bénéficier d'une prise en charge liée à la Sécurité sociale[32] ; le droit de la mutualité qui renferme un ensemble des normes sociales qui se proposant de mener, dans l'intérêt des adhérents et/ou des personnes à leur charge, des actions de prévoyance, de solidarité et d'entraide en cas des difficultés ponctuelles ou imprévues en se basant sur leurs cotisations[33] ; le droit de l'action sociale de l'État englobant tout un 'ensemble des actions engagées par l'Etat afin d'améliorer les conditions de la vie de ses habitants en garantissant la mise en œuvre des

---

[28] SANDEAU, M. et LASSERRE, H., *PME et dialogue social: Savoir négocier*, Chronique Sociale, Paris, 2004, p. 73.

[29] OLLERO-TASSARA, A., *Droit "positif" et droits de l'homme*, Bière, Paris, 1997, p. 25.

[30] LOKO MANTUONO, G., *Droit social, droit du travail et de la sécurité sociale en RDC*, L'Harmattan, Paris, 2022, p. 39.

[31] MINE, M., *Le grand livre du droit du travail en pratique*, Eyrolles, Paris, 2021, p. 72.

[32] DEPEVROUX, J-J., BORGETTO, M., LAFORE, R., *Droit de la sécurité sociale*, Dalloz, Paris, 2015, p. 88.

[33] CHREBOR, L., LEROY, G., GONNARD, C., *Code de la mutualité 2021*, 15ème éd. Argus de l'assurance, Paris, 2021, p. 69.

programmes et des moyens qui visent à maintenir la cohésion sociale et à aider les individus les plus fragiles à retrouver ou à conserver leur autonomie[34].

Ainsi, le droit social présente la particularité d'être régi à la fois par le droit public et privé en traitant notamment de la lutte contre l'exclusion sociale, de la retraite et de la rente des survivants, de la protection des mineurs, de la dépendance des personnes âgées,…

L'intérêt et la nécessité du dialogue social dans une entreprise

Dans les entreprises, le dialogue social a pour ambition de permettre une meilleure cohésion socio-professionnelle et de développer un sentiment d'appartenance en remettant les travailleurs au cœur de toute l'action social. Autrement dit, il facilite la résolution efficace des différends économiques et sociaux au sein des entreprises à travers un échange constructif et conciliant[35]. Celui-ci aboutit souvent à une entente et à la conclusion d'un accord.

Le dialogue social est alors nécessaire dans les entreprises modernes. Il est pris pour un art qui décode les tensions entre les partenaires sociaux et les dysfonctionnements dans la structure de l'entreprise. Au travers du dialogue social, les causes tant émotionnelles que conflictuelles sont apaisées. Il clarifie les points de discordance et cherche à trouver les points de rapprochement[36]. De ce fait, il devient le mode de régulation des relations sociales et forge la mise en place

---

[34]. BORGETTO, M., LAFORE, R., *Droit de l'aide et de l'action sociale*, Lgdi, Paris, 2021, p. 64.

[35] GUILLOT, J-P., Osez le dialogue social…*Op. cit.,* p.87..

[36] HALIFA, Y. et EMONT, P., *Op. cit.,* p. 146.

d'un contre-pouvoir nécessaire et démocratique de nos sociétés.

C'est dans ce contexte que le dialogue social utilise une approche stratégique ; une technique dissuasive ; une pratique sociale et une culture démocratique[37]. Il tient à la négociation et conduit à l'amélioration des relations sociales. Le dialogue social s'organise dans un cadre bien déterminé, mieux dans un contexte territorial ou professionnel donné. Il réaffirme la pensée sociale qui soutient que les anciennes thérapies ne correspondent pas toujours aux crises contemporaines.

Dans ce cadre, il est impérieux de considérer que la négociation sociale est une conversation et un échange spécifique basé essentiellement sur une approche qualitative des problèmes ayant trait aux relations du travail. Le dialogue social s'exerce sur des terrains sociaux qui réclament une stratégie particulière pour répondre à la problématique de l'éthique des négociateurs, de l'équité et de la régulation sociale.

Ce dialogue social s'intéresse également à plusieurs préoccupations qui exigent une concertation bipartite ou tripartite visant l'amélioration des conditions de vie et de travail, et plus particulièrement la culture psychologique des acteurs, statutaire des travailleurs ou budgétaire de l'entreprise ; les changements d'organisation du travail et des activités ; l'adaptation aux exigences nationales et internationales ; l'ajustement des diverses ressources humaines, financières, logistiques et l'évolution du rapport au travail[38]. Tenant compte de tous ces spécificités, il y a lieu d'affirmer qu'il n'y a pas un dialogue social mais des dialogues sociaux qui font appel à la créativité des gestionnaires des ressources humaines lors de la

---

[37] RENEVOT, J. et LAMBERT, R., *Op. cit.,* p. 97.

[38] RUCKERT, A., *Vous avez dit dialogue social ?* Le Bord de l'Eau, Paris, 2018, p. 172.

conciliation et de la médiation sociale ainsi que lors de la gestion délicate des situations difficiles ou conflictuelles.

L'impératif d'organisation du dialogue social se justifie par certains avantages tels que le faible coût de l'entente et du consensus – le coût de la force, de la contrainte et de la violence est souvent supérieur à celui du compromis, du consensus et de la négociation –. En d'autres termes, le coût des dispositions légales et conventionnelles non adaptées, du non engagement, de l'absence de mobilisation des parties, du manque de gestion prévisionnelle, de la pression temporelle, de la réfection… est généralement élevé. Ensuite, la recherche d'un avantage – la négociation vise un gain qui est la paix sociale –. Autrement dit, le dialogue social se fonde sur la négociation qui est un pari, un projet confiant dans les richesses humaines[39]. Il reste la manière contemporaine de gérer la nouvelle conflictualité en développant une pédagogie de communication et de mobilisation, tout en assurant des prises de risques.

Bien que n'étant pas une réponse à toutes les situations imprévisibles et inattendues, le dialogue social envisage tout et réfléchit à tout, ce qui peut advenir en matière sociale, ce qui peut handicaper le bon fonctionnement de l'entreprise, ce qui peut envenimer les relations humaines et professionnelles entre les partenaires sociaux. Il est au cœur de la gestion des ressources humaines et de l'activité syndicale visant le bien-être des employés au travail.

Le dialogue social vise le changement de positionnement de l'entreprise en rapport avec les préoccupations sociales de ses travailleurs. Il conduit au passage d'une négociation quantitative à une négociation qualitative en poursuivant la satisfaction des objectifs de

---

[39] SANDEAU, M. et LASSERRE, H., *Op. cit.,* p. 167.

l'entreprise en étroite harmonie avec les besoins sociaux des travailleurs. C'est dire que le dialogue social ne se mesure pas par le nombre des positions concédées entre les parties prenantes mais plutôt par la mise en commun des points de vue, des idées pour une réponse commune et objective afin de sortir ainsi de la lutte des classes et de la lutte des places, pour répondre aux défis et aux enjeux sociaux des entreprises modernes.

Dans le contexte général, le dialogue social part d'une conviction ambitieuse qu'un débat fécond est susceptible de résoudre des questions économiques et sociales importantes, de promouvoir la bonne gouvernance, de favoriser la paix et la stabilité sociale et de stimuler l'économie[40]. Il se place donc comme un mode de régulation sociale qui vise à limiter la possibilité d'un pouvoir unique et absolu de décision comme celui que tente d'imposer l'État ou l'employeur[41]. Le dialogue social est le fruit de l'histoire sociale, politique et philosophique des travailleurs pour l'instauration et l'institutionnalisation de la délégation des membres du personnel, la confirmation et le renforcement des libertés d'association et d'appartenances aux organisations syndicales, la revendication sociale pour l'amélioration des conditions de vie et de travail des ouvriers[42].

Le fondement national du dialogue social

Il rassemble les textes légaux et réglementaires qui régulent les relations professionnelles entre les

---

[40] LANDIER, H., *Dialogue social : Une urgence pour l'entreprise*, L'Harmattan, Paris, 2015.

[41]GUILLOT, J-P, Faire vivre le dialogue social ....*Op. cit.,* p. 99.

[42] GROUX, G., NOBLECOURT, M. et SIMONPOLI, J-D., *Le Dialogue social en France: Entre blocages et Big Bang*, Odile Jacob, Paris, 2018, p. 153.

travailleurs, les entrepreneurs et l'Etat. Ces différentes dispositions légales sont reprises dans le Code du travail. Celui-ci est souvent l'œuvre du Conseil national du travail qui est un organe consultatif regroupant les trois catégories de partenaires sociaux – employeur, travailleur, Etat –.

Dans le contexte congolais, le Code du travail[43] est le texte légal le plus important. Il comprend entre autres les désidératas des travailleurs et des employeurs, les aspirations de l'Etat, les suggestions des organisations professionnelles, les conventions et recommandations de l'OIT ainsi que les us et coutumes du monde du travail. À ce texte légal s'ajoutent notamment la Convention collective d'entreprise qui est un accord écrit négocié entre les organisations syndicales représentatives des employés et les associations ou groupements d'employeurs[44] et le contrat du travail qui est défini comme « toute convention, écrite ou verbale, par laquelle une personne, le travailleur, s'engage à fournir à une autre personne, l'employeur, un travail manuel ou autre sous la direction et l'autorité directe ou indirecte de celui-ci et moyennant rémunération »[45]. Considérés comme les mesures d'application du Code du travail adaptées à la spécificité de chaque secteur d'activité, ces deux derniers textes réglementaires lient le travailleur à son employeur.

Les instruments internationaux du dialogue social

Nombreux sont ces instruments internationaux se constituent des conventions de l'OIT. Celles qui sont

---

[43] RDC, « Loi n° 015/2002 du 16 octobre 2002 portant code du travail », *Journal Officiel de la République Démocratique du Congo*, n° spécial, le 15 juillet 2002.

[44] LOUFRANI, Y., *Droit du travail et gestion sociale de l'entreprise*, AENGDE, Paris, 1998, p. 93.

[45] RDC, Loi n° 015/2002 du 16 octobre 2002 portant code du travail …*Idem.*, p. 8

particulièrement importantes pour la tenue du dialogue social incluent notamment les conventions n° 98 sur le droit d'organisation et de négociation collective de 1949, n° 144 sur les consultations tripartites de 1976 et n° 154 sur la négociation collective de 1981[46]. Cependant, il existe d'autres orientations qui sont énoncées dans les recommandations n° 91 sur les conventions collectives de 1951, n° 94 concernant la collaboration sur le plan de l'entreprise de 1952, n° 113 sur la consultation aux échelons industriel et national de 1960, n° 129 sur les communications dans l'entreprise de 1967, n° 130 sur l'examen des réclamations de 1967, n° 152 sur les consultations tripartites relatives aux activités de l'Organisation internationale du Travail de 1976, n° 163 sur la négociation collective de 1981[47]. Tous ces instruments internationaux sacralisent la liberté de réunion, les échanges collectifs et la quête des solutions communes par le dialogue.

Somme toute, l'institutionnalisation de dialogue social, fondée notamment sur les droits de liberté d'association et de négociation collective, tient compte du contexte culturel, historique, économique et politique de chaque pays. Par conséquent, il est important d'adapter les institutions, les modalités et les pratiques de dialogue social à la situation nationale pour garantir une représentation effective dans le déroulement du processus et ses résultats. Ainsi, il existe une riche diversité de mécanismes institutionnels, des cadres juridiques, des traditions et des pratiques de dialogue social dans le monde. Chaque pays, chaque entreprise, chaque branche

---

[46] OIT, *Dialogue social : Discussion récurrente en vertu de la Déclaration de l'OIT sur la justice sociale pour une mondialisation équitable : Sixième question à l'ordre du jour*, Bureau International du Travail, Genève, 2013

[47] *Iden.,*

d'activité est appelée à les adapter à sa situation pour garantir une paix sociale durable.

Les objectifs et les formes du dialogue social au sein de l'entreprise

La mission principale du dialogue social est de favoriser la mise en place d'un consensus entre les différentes parties qui participent au débat dans le but de garantir la paix sociale. Ce mode de consultation et de négociation vise également à renforcer la participation démocratique avec des échanges de vue entre tous les partenaires sociaux. Ainsi, le dialogue social poursuit plusieurs objectifs dont les plus importants sont notamment la résolution des problématiques économiques et sociales majeures ayant un impact négatif sur le bon fonctionnement des entreprises, la promotion de la bonne gouvernance professionnelle, l'instauration de la justice et de la stabilisation sociale, le développement économique du pays[48].

L'ultime but du dialogue social est d'améliorer les conditions de vie et de travail des ouvriers, d'assurer la rentabilité de l'entreprise et de garantir la paix et la stabilité sociale. C'est dans ce contexte que le dialogue social permet de créer les conditions maximales de concertation et d'attente dans lesquelles les acteurs sociaux se parlent, échangent et trouvent des solutions consensuelles à leurs préoccupations sociales et professionnelles.

Ainsi, dans le cadre de l'entreprise, le dialogue social se compose de plusieurs facettes. Il inclut non seulement la négociation, la consultation et l'échange

[48] AUVERGNON, P. et KÉNOUKON, C., *Dialogue social dans les pays de l'espace Ohada et ailleurs dans le monde,* L'Harmattan, Paris, 2018., pp. 185-188.

d'informations entre et parmi les différents partenaires sociaux mais aussi la négociation collective entre les représentants des employeurs et des travailleurs. Il concerne également la prévention et la résolution des différends individuels et collectifs, d'une part, et la rencontre tripartite sur des questions économiques et sociales dans lesquelles l'Etat joue directement ou indirectement le rôle de régulateur, d'autre part.

Il sied de souligner aussi que d'autres formes de concertation sociale s'organisent régulièrement comme des réunions qui aboutissent à l'élaboration de certains instruments du dialogue social notamment les accords-cadres internationaux, les conventions et les recommandations internationales.

Les conditions pour la tenue d'un bon dialogue social

Pour permettre une bonne organisation et un bon fonctionnement du dialogue social, certaines conditions doivent être réunies telles que la présence des organisations des travailleurs et des employeurs indépendantes dotées des compétences techniques nécessaires et pouvant accéder aux informations utiles à leur participation au dialogue social. Il sied de considérer également la volonté et l'engagement politique de participer au dialogue social de la part de tous les partenaires sociaux, le respect des droits fondamentaux de toutes les parties notamment la liberté syndicale, la négociation collective, le droit à l'expression, le soutien institutionnel approprié créant un cadre juridique favorable et sécurisé par les pouvoirs publics[49].

Ainsi, des relations professionnelles saines, incluant la consultation et la coopération, la négociation collective

---

[49] CHAUCHARD, J-L, *Réussir le dialogue social, Une approche pour tous les acteurs ;* Ed. d'Organisation, Paris, 2004, p. 82.

et la fixation d'un salaire minimum interprofessionnel garanti (SMIG) grâce à un dialogue social tripartite, permettent de promouvoir des rémunérations plus élevées et de meilleures conditions de vie et de travail, ainsi que la paix et la justice sociale. En tant qu'instruments de bonne gouvernance professionnelle, le dialogue social encourage la collaboration et la participation démocratique des acteurs socio-professionnels. Il facilite la création d'un environnement favorable au bien-être du personnel, à la croissance économique et à la réalisation de l'objectif de travail à tous les niveaux.

La participation, au dialogue social tripartite ; celui qui regroupe le gouvernement et les organisations représentatives des travailleurs et des employeurs aide à créer des institutions garantissant la stabilité du marché du travail et contribuant à la paix sociale et économique. Elle permet aux pouvoirs publics de suivre l'évolution des conditions d'emploi et du travail ainsi que de réguler, à travers le ministère ayant le travail et l'emploi dans ses attributions, toutes les questions liées au droit social.

Les enjeux du dialogue social dans l'entreprise

L'enjeu majeur que poursuit le dialogue social est de remettre le travailleur au centre de la négociation et du dialogue social en entreprise. Les conditions de vie et de travail des employés constituent le sujet et le cœur du dialogue social au sein de l'entreprise. Ce sont ces travailleurs qui formulent des revendications, qui posent des conditions, qui exposent leurs exigences, qui soumettent des réclamations et qui détiennent des cahiers de charge[50]. Ce sont leurs conditions de vie, de travail et de sécurité qui font l'objet du dialogue social.

---

[50] COULIBALY, F., *Dialogue social au Mali : Réalités et enjeux*, L'Harmattan, Paris, 2019, p. 142.

Le dialogue social doit garantir la libre communication et assurer l'encadrement des travailleurs au sein de l'entreprise. Il doit prendre en considération les désidératas des ouvriers pour garder les échanges ascendants organisés par les travailleurs vers la direction de même que la communication descendante partant de la direction vers les travailleurs. Les canaux les plus exploités dans ces échanges sont les représentants des travailleurs et/ou les délégués syndicaux.

Ainsi, les enjeux du dialogue social ne résident pas seulement dans le respect des obligations légales et réglementaires, dans la productivité et la rentabilité de l'entreprise, dans le déclenchement des mouvements de grèves, dans la compétitivité entre les partenaires sociaux. Ils sont surtout dans la prise en considération des ambitions de ceux qui apportent la force du travail et dans leur participation active à la vie de l'entreprise[51].

Cependant, avec l'évolution de la société, de nouveaux enjeux du dialogue social naissent. Ils sont liés notamment aux mutations technologiques, économiques et sociales contemporaines. Ainsi, trois tendances créent de nouveaux enjeux déterminants pour l'avenir du dialogue social au sein des entreprises modernes[52]. La première tendance est celle de la mondialisation et la financiarisation de l'activité économique qui soumettent le dialogue social à un objectif nouveau, celui de maximiser la valeur actionnariale avec un report du risque sur le travail salarié. Il se remarque souvent dans des chaînes mondiales d'approvisionnement où les entreprises

---

[51] CLEMENT, F. et MARKET, L., *Consociativisme et dialogue social. Les relations professionnelles au Grand-Duché de Luxembourg,* Editions Universitaires Européennes, 2012, p. 103.
[52] JOBERT, A. (Sous la dir. de), *Les nouveaux cadres du dialogue social : Europe et territoires,* Peter Lang, Bruxelles, 2008.

multinationales se mettent en concurrence avec les Etats et les travailleurs pour réduire le coût du travail et les garanties de l'emploi. Ainsi, le dialogue social risque d'être déconnecté de multiples lieux où s'exerce réellement le pouvoir économique.

La deuxième tendance est celle de l'automatisation des moyens de production et la numérisation du traitement de l'information qui engendre des mouvements massifs de réallocation de la main-d'œuvre selon les secteurs d'activités, les qualifications professionnelles et les localisations géographiques. L'organisation du travail, le contenu des tâches, le statut des travailleurs sont soumis à de profondes transformations. Si elles sont laissées aux seules forces du marché, ces transformations créent un risque élevé d'amplification des inégalités et d'exclusion sociale. Le dialogue social doit définir les instruments de régulation qui favorisent l'émergence des potentiels positifs de ces mutations technologiques et organisationnelles.

Enfin, la dernière tendance est celle de la transition écologique qui est rendue nécessaire par les risques majeurs de dégradation de l'environnement. Ceux-ci sont à la fois la conséquence des inégalités sociales et professionnelles et la source de nouvelles inégalités. La tenue du dialogue social devrait permettre la définition dc nouveaux modèles d'un développement écologique et social soutenable par tous les partenaires sociaux.

Somme toute, seule la maîtrise de ces trois dynamiques économiques, technologiques et écologiques d'évolution interdépendantes permettra de trouver de nouvelles réponses sociales et professionnelles acceptables et adaptées aux défis engendrés par les déséquilibres démographiques et par les risques de stagnation économique.

Les acteurs du dialogue social

Les acteurs du dialogue social sont de trois ordres. Il s'agit, d'abord, du personnel de l'entreprise composé des représentants du personnel et du syndicat des travailleurs ; ensuite, les entrepreneurs composés de la direction de l'entreprise et du syndicat patronal, enfin, l'Etat, représenté par les administrations nationales ou locales.

Les représentants du personnel sont élus par les travailleurs. Ce sont eux qui présentent, à l'entrepreneur, les réclamations individuelles ou collectives de leurs électeurs. Ils sont des canaux par lesquels les revendications et les exigences des travailleurs atteignent la direction de l'entreprise. Concrètement, les travailleurs sont représentés par des personnes qu'ils élisent au sein de l'entreprise. Plus ou moins spécialisés dans leur secteur d'activité, ces élus sont représentatifs de l'ensemble du personnel.

Il y a ensuite les organisations syndicales représentatives des travailleurs qui existent dans toutes les entreprises modernes. Elles peuvent créer des sections syndicales spécifiques dans chaque entreprise dotée de moyens leur permettant de défendre valablement les intérêts des travailleurs. La présence syndicale dans une entreprise est très importante pour canaliser les aspirations des travailleurs et pour les soutenir lors de la tenue d'un dialogue social dans le but de soulever des préoccupations proches du quotidien des travailleurs. Ce sont les délégués syndicaux qui négocient la signature des conventions et des accords collectifs. Ces délégués syndicaux forment le trait d'union entre la direction de l'entreprise et les travailleurs. Ils ont pour mission de formuler des propositions aux dirigeants d'entreprise, de transmettre les revendications et les réclamations des travailleurs, de défendre leurs intérêts et leurs droits en vue d'améliorer leurs conditions de vie et de travail[53].

Il y a aussi les entrepreneurs composés de la direction de l'entreprise et du syndicat patronal. La direction de l'entreprise, principal promoteur du dialogue social, se compose des membres du comité d'entreprise qui gèrent, entre autres, les activités sociales et culturelles de l'entreprise. C'est elle qui fixe l'échéancier des rencontres, détermine les processus et le niveau de circulation de l'information en interne, consulte les différentes catégories de personnel... Ainsi, elle est la seule à mettre en place les moyens et les infrastructures nécessaires pour le bon déroulement du dialogue social. Plus la direction de l'entreprise est favorable à la circulation de l'information, à la consultation la plus large possible et à la prise en compte des idées d'une manière décloisonnée, plus le dialogue social trouvera un terrain propice et les matières pour son épanouissement au sein de l'entreprise. Comprenant également en son sein un délégué du personnel, ce Comité est consulté régulièrement pour les questions qui concernent les conditions d'emploi et de travail du personnel, la durée du travail en termes d'heures de prestations effectives, les conditions sociales ainsi que les procédures de licenciement économique.

La direction de l'entreprise s'associe souvent au syndicat patronal lors de l'organisation du dialogue social. Le syndicat patronal joue le rôle de représentation des entreprises affiliées lors des négociations sociales et de la signature de leurs actes juridiques. Participant à des rencontres bipartites « Employeurs – Travailleurs » et tripartites « Employeurs – Etat – Travailleurs », le syndicat patronal contribue activement dans la recherche

---

[53] PETIT, F., *Syndicalisme et droits syndicaux*, LGDJ, Paris, 2019, p. 123.

des solutions aux questions sociales notamment lors de la prise des décisions concernant les différents secteurs socio-économiques[54]. Il constitue également un groupe de pression par rapport à l'Etat au sens où elle œuvre à la promotion des intérêts de ses membres en tentant d'infléchir les politiques économiques et sociales du gouvernement.

Composé des dirigeants d'entreprises, ce syndicat patronal détermine la stratégie professionnelle des entreprises et la communication sociale. Il favorise le dialogue social par l'échange, la communication et l'écoute qu'il apporte aux travailleurs. C'est dans ce contexte qu'il assume plusieurs activités telles que la défense des intérêts des entreprises affiliées, la participation au développement du droit de travail, l'information et les conseils professionnels sur les relations de travail, l'établissement des indicateurs économiques pour orienter les actions des syndicats ouvriers. Il se préoccupe aussi de la participation active aux travaux des Commissions nationales de l'emploi, de la représentation de diverses branches d'activité dans les négociations sectorielles avec les différentes institutions publiques, de la création et du renforcement des relations harmonieuses entre le gouvernement et les masses laborieuses, de l'encouragement et de la promotion de la formation professionnelle parmi ses membres et celle de leur personnel, de l'offre de l'aide en cas de conflits sociaux individuels et/ou collectifs du travail, de la représentation de ses membres à la Commission nationale d'Arbitrage, de conciliation et de médiation, du soutien à la gestion des

---

[54] DONZE, P-Y, *Histoire d'un syndicat patronal horloger - L'association cantonale bernoise des fabricants d'horlogerie (ACBFH); Association patronale de l'horlogerie et de la microtechnique (APHM), 1916-2006*, Alphil, Neuchâtel, 2006, p. 103.

entreprises par des conseils et des orientations spécifiques nécessaires à la promotion de leurs activités[55].

Pour bien accomplir ses missions, le syndicat patronal dispose des organes à compétence générale, provinciale et nationale spéciale. Il possède également des organes techniques et de gestion administrative. C'est dans ce cadre qu'il reste en relation étroite avec les organismes internationaux de travail comme l'Organisation Internationale du Travail (OIT).

Enfin, l'Etat, représenté par les administrations nationales ou locales, joue un rôle important dans l'organisation du dialogue social. C'est aux pouvoirs publics qu'incombe la responsabilité de créer un climat politique et social stable. Ils permettent aux organisations de travailleurs et d'employeurs d'agir librement, sans crainte de poursuite ni de représailles. Ainsi, pour que le dialogue social se tienne normalement, l'Etat ne peut rester passif même s'il n'intervient pas directement dans le processus. Il est appelé à fournir un soutien essentiel au dialogue en mettant à la disposition des parties un cadre juridique et institutionnel qui leur permette d'agir en toute légalité. Garant de la sécurité et détenteur de la violence légitime, l'Etat vote des lois qui marquent sa volonté de développer un dialogue social adapté aux spécificités de chaque entreprise. Il met également en place les différentes instances locales, provinciales et nationales où les partenaires sociaux expérimentent la création d'accords sur-mesure propres à leurs particularités. Il favorise aussi la création des commissions paritaires interprofessionnelles et vote des lois incitant les partenaires sociaux à mettre en place les mécanismes des élections professionnelles.

---

[55] RDC, Fédération des entreprises du Congo, Syndicat patronal, FEC, Kinshasa, 2015, (en ligne) http://www.fec-rdc.com/index.php/nos-services/syndicat-patronal#, consulté le 26 octobre 2022

La tenue du dialogue social au sein de l'entreprise

Avant de renouer le dialogue social, il faut de la « volonté de se parler », le « vouloir du compromis ». Autrement dit, les acteurs du dialogue social doivent être psychologiquement prédisposés à atteindre un résultat consensuel. Il est une évidence qu'il faille mieux le rappeler constamment aux différentes parties concernées. La direction de l'entreprise, les représentants du personnel, les travailleurs, l'Etat... doivent prendre conscience que la situation se dégrade et avoir envie de s'inscrire dans une logique du dialogue, d'échange, de conversation, de négociation… et du compromis.

Il est alors nécessaire de comprendre que la prise de conscience du problème et de l'existence des solutions est la première condition de la mise en place d'un dialogue social[56]. En d'autres termes, c'est l'acceptation de l'existence d'un malaise ou d'un problème socio-professionnel, la reconnaissance que les relations sociales sont tendues ou conflictuelles et qu'elles ne permettent pas un fonctionnement normal de l'entreprise. Et qu'il est possible de se parler, de discuter pour améliorer le climat social et fonctionner autrement.

Il s'agit de dépasser la question de la faute individuelle ou de la recherche d'un coupable, de ne pas rester sur l'idée que la situation de désaccord est liée à la personnalité de l'autre. Tout l'enjeu est de rétablir un climat permettant la rencontre et le dialogue, en comprenant que la dégradation des relations sociales est due à des dysfonctionnements dans l'organisation du travail et pas uniquement à des difficultés relationnelles.

---

[56] TAPONAT, G. et ARNAL-ROUX, P., *Dialogue social : Former et développer les compétences des acteurs*, De Boeck, Louvain-la-Neuve, 2016, p. 103.

La mise en place du dialogue social et l'efficacité des discussions à engager seront également confortées si chacun des acteurs admet ses erreurs et respecte l'autre, ainsi que ses points de vue[57]. L'objectif n'est pas de mettre tout le monde d'accord, mais de pouvoir à nouveau discuter et d'émettre des opinions différentes qui puissent être entendues par les uns et les autres pour envisager ensemble une solution consensuelle. Cependant, certaines situations deviennent intenables et nécessitent l'implication d'une tierce personne.

Dans ce cas, le recours à l'expertise extérieure s'impose. Cette possibilité est envisagée lorsque les relations socio-professionnelles sont devenues très difficiles entre les acteurs sociaux au sein de l'entreprise, lorsque les différentes parties ne parviennent plus à se mettre autour d'une table, à dialoguer et à négocier. Le recours à un intervenant extérieur à l'entreprise est bien souvent nécessaire pour accompagner le cheminement de chacun et créer les conditions d'un réel engagement des parties vers la construction de nouvelles relations de travail. L'intervention d'un expert en relations sociales, par sa position extérieure aux différends, sert de facilitateur aux échanges et permet plus aisément d'exposer les points de désaccord et de résoudre les difficultés.

Cependant, ce facilitateur extérieur ne doit pas être un arbitre dans les conflits entre les parties concernées, il ne doit pas intervenir sur le contenu de ce qui fait débat ni proposer des solutions à la place des acteurs au conflit. Facilitateur, il doit bien circonscrire sa mission en jouant le rôle de médiateur pour créer un cadre de dialogue approprié et sécurisant pour les parties et les échanges, pour assurer le respect du processus du travail pendant les

---

[57] TAPONAT, G. et ARNAL-ROUX, P., *Op.cit*, p. 105.

échanges, pour garantir la liberté de pensée et de parole afin de permettre aux différentes parties d'émettre leurs points de vue, de permettre l'émergence d'un but commun propre aux parties concernées[58].

Il doit encourager les parties à déterminer les règles de fonctionnement pendant le dialogue social, un cadre de discussion où l'on doit savoir qui fait quoi et qui s'occupe de quoi. C'est dans ce contexte qu'il est important de réinstaurer la confiance et de respecter des horaires de réunion, de disposer d'un ordre du jour clair et connu de tous, avec des objectifs partagés… Ces précautions constituent des dispositions communes qui permettent la reprise du dialogue social sur des bases solides et plus sereines. Ainsi, elles doivent clarifier les attributions de chacun : qui fait quoi dans l'entreprise, quels sont les rôles de chaque acteur, les responsabilités et les prérogatives de chacun membres, afin d'éviter le conflit de compétence. Le chevauchement des attributions et les empiètements sur les tâches des uns et des autres sont souvent source de mésentente et de malentendu.

Dans le cadre général des entreprises modernes, le rétablissement d'un dialogue social serein et apaisé est conditionné par la liberté d'action et de parole. Celle-ci est une des conditions non négligeables qui encourage la contribution de tous les participants disposant des moyens nécessaires d'exercer ses responsabilités dans les limites de ses attributions. Ainsi, le personnel et ses représentants doivent connaitre leur rôle et leurs prérogatives. Autrement dit, il s'agit de respecter les processus d'information, de consultation, de conciliation et de négociation avec les autres parties, ainsi que les avis qu'elles émettent.

---

[58] DUQUESNE, F. et HEINTZ, J., *La négociation d'entreprise: 20 fiches pour décrypter le dialogue social de proximité point par point*, Gualino, Paris, 2019, p. 152.

La direction et le patronat doivent disposer des capacités et de mandats suffisamment larges pour couvrir toutes les facettes du dialogue social, allant du dialogue au quotidien à la négociation et à la conclusion en passant par la concertation et le compromis. S'ils sont appelés à rapprocher les centres de décisions afin de leur permettre d'exercer pleinement et efficacement le rôle attendu, le pouvoir public, par contre, doit connaître les compétences des différentes délégations et les limites de leur capacité de négociation, tenir compte du respect des dispositions légales et règlementaires, se repositionner comme une courroie de transmission entre ces deux parties et protecteur de la paix sociale ainsi que de se mettre au-dessus des questions faisant partie de mésententes en privilégiant l'application du droit social.

Toutefois, la phase de concertation préalable à la tenue ou à la reprise du dialogue social est nécessairement préparatoire. Il s'agit de recentrer le débat sur le travail et non sur les conflits relationnels ou les litiges individuels. En effet, lorsque les relations sociales et professionnelles sont dégradées, le contenu du travail ne préoccupe pas les acteurs du dialogue. Les parties au dialogue : la direction et le patronat, les représentants du personnel et les travailleurs ne parviennent plus à discuter du travail, du fonctionnement de l'entreprise, des conditions de travail, etc. Leurs échanges deviennent perturbés et la dimension relationnelle prend la place des rapports du travail.

Cependant, la dégradation des relations sociales et professionnelles justifiant la tenue du dialogue social est souvent liée à des dysfonctionnements dans l'organisation du travail. Ainsi, les partenaires sociaux doivent fournir un effort pour partager un diagnostic commun sur ces dysfonctionnements et leurs sources, pour s'engager à travailler collectivement à partir de ce diagnostic et pour définir des objectifs de changement d'une manière concertée.

La circulation de l'information et l'implication des travailleurs pour des actions concrètes

Le dialogue social ne peut être réservé à une catégorie d'acteurs dans l'entreprise, il doit concerner l'ensemble des travailleurs. C'est pour cette raison que l'information doit circuler auprès de tous et la communication doit être considérée comme un des moyens essentiels dans la pratique du dialogue social. Les problèmes et les mécontentements doivent être connus pour que les partenaires en débattent et cherchent une solution collégiale, satisfaisante et durable.

Il est important de faire connaître les positions soutenues par chaque partie, les décisions prises de commun accord, les calendriers établis pour la mise en application des solutions, les moyens de contrôle retenus... et de distinguer les informations devant être transmises par les représentants du personnel de celles devant être transmises par la direction[59]. Dans le même contexte, les parties au dialogue doivent se communiquer sur la manière commune de couler leurs recommandations en décisions ou en conventions collectives.

Par ailleurs, l'amélioration de l'organisation du dialogue social passe par un processus participatif qui doit impliquer tous les partenaires sociaux de l'entreprise : la direction et le patronat, les représentants du personnel et les travailleurs... la double association syndicale – le syndicat patronale et le syndicat ouvrier – et leur participation aux discussions, à l'élaboration du diagnostic

---

[59] FERRACCI, M. et GUYOT, F., *Dialogue social et performance économique,* Presses de Sciences Po, Paris, 2015, p. 149.

et à la définition d'actions à mener… permettent de prendre en compte l'ensemble des préoccupations débattues lors du dialogue social.

Tous ces partenaires sociaux doivent dialoguer avec sincérité, tomber d'accord sur des principes de base et prendre des engagements à respecter. Si leurs décisions ou les recommandations ne sont pas suivies d'effets et/ou d'actions concrètes, le dialogue social n'aura servi à rien et le malaise social risque de continuer à se faire sentir au sein de l'entreprise. Il risque de perpétuer ses effets négatifs sur le bon fonctionnement des services.

Par conséquent, le dialogue social doit aboutir à des résultats consensuels, à des compromis obtenus après des concessions mutuelles faites dans un contexte des relations socio-professionnelles tendues. A ce sujet, il n'existe donc pas de petites ou de grandes actions ni de demi accord. Si tout l'accord n'est pas accepté par les parties, le dialogue social n'est pas encore terminé et doit encore continuer. Il doit alors continuer jusqu'à l'attente.

La mise en place d'un journal interne en diverses langues – locales et étrangères – facilitant la communication entre les parties, l'installation d'une boîte à suggestion, l'élaboration de fiches de signalisation, le placement des valves ou de tableaux d'affichage, l'instauration de temps d'échanges collectifs réguliers… sont autant des moyens pratiques qui rendent les résultats plus visibles[60]. Ils permettent aux travailleurs de l'entreprise de suivre l'évolution de l'application des résultats du dialogue social. Ainsi, tous les partenaires sociaux finissent par comprendre l'utilité du dialogue social dans la restauration et le maintien d'un climat social et professionnel apaisé.

---

[60] FOURNIER, J., *Le dialogue social dans la fonction publique*, Documentation française, Paris, 2002, pp. 81 - 83

Les conditions de réussite du dialogue social

Le dialogue social est un engagement au quotidien de tous les acteurs pour fournir un effort afin de réunir les conditions de la confiance mutuelle, du respect réciproque et de conversation fructueuse dans le but d'atteindre les objectifs de l'entreprise qui sont la productivité et la rentabilité ainsi que les aspirations des travailleurs au bien-être social et professionnel. Composée des partenaires sociaux qui ont des ambitions divergentes, l'entreprise se transforme souvent en un lieu de conflits et où le dialogue social apporte des solutions consensuelles acceptables par tous en suivant certaines conditions des échanges. Il est alors nécessaire d'accorder la chance à la négociation d'autant plus que le code de travail donne un rôle prépondérant à la conciliation obtenue à partir de la négociation au sein de l'entreprise[61]. C'est dans ce cadre que les représentants de l'entreprise et du personnel ont plus de marge de manœuvre pour choisir la période et hiérarchiser les sujets de discussion, les modalités pratiques et/ou les échéances de mise en œuvre.

Les transformations du monde, l'adaptation au marché d'emploi, la prise en compte de la concurrence et les contraintes financières sont des outils de lecture de ce qui impacte l'entreprise et le travail dans les sociétés modernes. Les parties doivent s'assurer de leurs efforts et intelligence à contribuer, par un dialogue social qualitatif, efficace et renforcé, à apporter des réponses adaptées à la situation spécifique de chaque entreprise.

C'est dans ce contexte qu'elles doivent se saisir des vrais sujets qui ont un impact sur le fonctionnement de l'entreprise et la vie des travailleurs, s'emparer des thèmes

---

[61] RDC, Loi n° 015/2002 du 16 octobre 2002 portant code du travail … *Op. cit.*, pp. 71-72.

les plus structurants pour l'entreprise, ses enjeux, sa stratégie ou son organisation du travail. L'une des nouveautés dans la négociation sociale est que le dialogue sur les projets stratégiques de l'entreprise ne sont plus divisés entre ceux qui concernent l'aspect commercial et business, ceux qui s'intéressent aux questions de l'emploi ou ceux qui l'analysent sous l'angle des conditions de travail. Les trois questions se traitent d'une manière globale et les acteurs du dialogue social sont appelés à appréhender ces projets de transformation du fonctionnement de l'entreprise dans une vision globale et avec un meilleur niveau de compréhension de tous les problèmes socio-professionnels.

Cette perception implique la mobilisation des acteurs dans une vision généraliste, à l'opposé de la spécialisation occasionnée par les diverses obligations légales, la multiplication des instances de discussion et de nombreuses négociations obligatoires ayant poussé les représentants du personnel à se spécialiser et à développer l'expertise sur certaines questions économiques et sociales, de sécurité et santé au travail, d'emploi formel et informel. Cependant, la nouvelle configuration du dialogue social a l'avantage de faciliter l'intégration dans son champ d'action des acteurs non-spécialistes ayant une vision systémique du travail. Elle rassure certains dirigeants qui font le choix des acteurs de s'investir plus fortement à considérer aussi les généralistes et de jouer le jeu du dialogue social sur les sujets importants de l'entreprise. Elle apporte également la valeur ajoutée au dialogue social, améliore le contenu du travail des représentants du personnel, limite le cumul des mandats, favorise des mobilités, voire suscite des vocations nouvelles[62]. Elle soutient enfin l'envie de dialoguer et l'habitude de négocier.

Le dialogue social de qualité n'est pas un échange de paroles vaines. Il doit aller au-delà de simples habitudes d'information et de consultation, inspirées par des contraintes obligatoires. Ces habitudes sont souvent source de conflits et d'incompréhension. Elles conduisent à la routine et bloquent les innovations. Les partenaires sociaux doivent développer l'envie de se parler, de dialoguer, de négocier, de discuter, de se concilier, de construire le consensus sur les sujets importants et d'obtenir des progrès concrets pour les travailleurs et l'entreprise en répondant à la question des moyens et de la proximité.

La négociation entre des partenaires sociaux au sein de l'entreprise, y compris sur la question du nombre d'élus ou de représentants, des budgets ou des heures de discussion des délégations exige des moyens logistiques, humains et financiers conséquents. Il s'agit d'un préalable à respecter et d'une condition à remplir avant d'aborder toute question pouvant faire l'objet du dialogue social. L'autre préalable qui mérite d'être négocié prioritairement est la question du dialogue social de proximité. Celui-ci est souvent incarné par des relations sociales et professionnelles régulières entre un manager – patron – de site qui a un ancrage local durable et les travailleurs de ce site. C'est ce manager de proximité qui possède cette capacité utile de traiter localement certains problèmes individuels ou collectifs des travailleurs locaux. C'est cela le dialogue social de terrain, de site par site, dans une forme inventée et négociée dans chaque entreprise.

---

[62] DEBANDE, J-C., *Manager les relations sociales en entreprise en 65 fiches*, Vuibert, Paris, 2019, p. 98.

Les facteurs favorisant la réussite du dialogue social

Dans le monde du travail, il existe une corrélation entre le bien-être des travailleurs et la productivité de l'entreprise. Ainsi, la communication au sein d'une entreprise permet les échanges fructueux et l'amélioration des conditions de vie et de travail des employés. L'objectif poursuivi lors du dialogue social étant de rendre tout le monde heureux au sein de l'entreprise en rétablissant le sentiment de confiance mutuelle.

Avec un peu d'imagination et beaucoup de volonté, il est possible à chacun d'améliorer les relations avec ses collègues et, in fine, d'être plus content lors de l'exécution de ses tâches professionnelles. La communication et les échanges d'idées entre les employés, d'une part, et entre les employés et la direction, d'autre part, jouent un rôle important dans la nouvelle organisation du travail. Ils créent une entreprise qui se parle, qui échange pour devenir un environnement favorable au bonheur et à la productivité de ses employés. Certes, cela peut prendre de temps, mais il est possible de commencer et de tendre vers ce but par une démarche individuelle et collective proactive. Ainsi, certains facteurs permettent de favoriser une relation plus riche et saine entre tous les acteurs du dialogue social. Parmi ceux-ci, figurent la perception positive des autres acteurs sociaux, le partage d'un même objectif, la sincérité et la franchise, la primauté à l'écoute, l'impersonnalité du dialogue social[63].

Ainsi, avant d'espérer qu'une entreprise se parle, la première étape est d'avoir de l'estime les uns envers les autres. Rares sont ceux qui réussissent sans posséder aucune qualité humaine et personnelle. Le résultat – la réussite ou l'échec – du dialogue social dépend, en partie,

---

[63] TAPONAT, G. et ARNAL-ROUX, P., *Op. cit.,* pp. 47-82.

de la perception consistant à considérer les autres partenaires sociaux comme des personnes positivement ou négativement disposées à trouver des solutions favorables ou défavorables. Donc, il est toujours possible de reconnaitre les qualités des autres et leur bonne foi. Ce qui amène au partage d'un même objectif.

De temps en temps, chaque acteur est appelé à se mettre à la place de l'autre pour comprendre ses réactions et ses agissements. Sans doute auriez-vous réagi de la même manière ou du moins vous comprenez la raison pour laquelle tel collègue a réagi de la même manière. Cette compréhension est un facteur de dépassement. Cependant, il faut savoir imposer des limites du dialogue social et un cadre bien déterminé de discussion. Pour le bon déroulement du dialogue, il n'est jamais bon de garder la haine, la colère ou la vengeance contre un autre partenaire. Il faut se dépasser, se retenir et savoir aller de l'avant en visant la sincérité et la franchise.

Le dialogue social est une occasion offerte aux partenaires sociaux de se dire ce qu'ils ont à se dire. La franchise est la meilleure d'attitude lors des échanges et des communications, sans doute parce qu'elle ne fait pas de tort à l'autre. Se résumant par la droiture et la sincérité, elle est une qualité à encourager lors de la tenue du dialogue social.

En cas de différend avec l'un des partenaires sociaux, il est souvent recommandé de partager les idées ou les avis par écrit et éviter les rencontres physiques ou la présentielle. En effet, garder en soi la rancœur et s'expliquer à l'oral a de fortes chances d'envenimer une situation conflictuelle. Néanmoins, les partenaires sociaux doivent avoir à l'esprit que le dialogue social se fonde sur le partage de ce qui ne va pas pour trouver une solution consensuelle. C'est la raison principale pour laquelle, l'impersonnalité du dialogue social est indispensable.

Devant faire le bonheur de tous les acteurs sociaux, le dialogue social doit amener aux sourires et à la satisfaction collective. Par conséquent, arriver et commencer avec le sourire constitue un premier pas important de la bonne ambiance, de la compréhension mutuelle, de la retrouvaille et de la réussite[64]. Avec les autres partenaires sociaux, il est nécessaire d'engager des conversations plaisantes et humaines dès que possible pour détendre l'atmosphère et revenir à l'essentiel du dialogue en privilégiant l'écoute.

Le dialogue social est un moment de concentration et d'écoute. Tous les acteurs doivent prêter l'oreille à ce que disent les autres partenaires sociaux pour mieux comprendre les causes du mécontentement au sein de l'entreprise, bien analyser les revendications et les désidératas des uns et des autres. Savoir écouter, sans interrompre intempestivement l'interlocuteur, est une grande qualité qui est recommandée aux négociateurs lors du dialogue social. En effet, le fait de prêter une oreille attentive aux ambitions des autres acteurs du dialogue social enrichit le débat avec des informations nouvelles et améliore les relations socio-professionnelles[65]. Il permet d'aborder les problèmes sociaux dans leur globalité pour des solutions générales et durables.

Le fonctionnement du dialogue social

Le dialogue social regroupe l'ensemble des processus de négociations, des échanges, de partage des informations ou de consultation mis en place entre le gouvernement, les employeurs et les travailleurs dans le cadre de la quête des solutions communes aux diverses problématiques ou aux différentes questions liées à la

---

[64] RENEVOT, J. et LAMBERT, R., *Op. cit.*, p. 94.
[65] GUILLOT, J-P., *Op. cit.*, p. 125.

politique économique et sociale établie par l'État et appliquée au sein des entreprises. Il peut être organisé entre deux acteurs sociaux ou trois partenaires sociaux.

C'est dans ce cadre qu'il peut rassembler soit le patronat et le syndicat ouvrier, soit le gouvernement, les chefs d'entreprise et les travailleurs. Cette rencontre à trois peut être considérée comme une forme de dialogue qui permet aux représentants du gouvernement, des employeurs et des travailleurs de s'exprimer en toute indépendance et d'une manière égalitaire en vue de rechercher des solutions à des problèmes d'intérêt commun. Autrement dit, le tripartisme se réfère à l'implication dans les processus de décision des organisations d'employeurs et de travailleurs aux côtés du gouvernement sur une base égalitaire.

De son côté, le dialogue social organisé sous la forme bipartite regroupe officiellement les travailleurs et les chefs d'entreprise. Cependant, le gouvernement dispose de la possibilité d'intervenir de manière indirecte. Les travailleurs sont généralement représentés par des syndicats ouvriers tandis que les chefs d'entreprise voient leurs intérêts défendus par des organisations d'employeurs. De plus, la mise en œuvre du dialogue social peut être élaborée de manière informelle sans un cadre officiellement reconnu et codifié ou, au contraire, le dialogue peut s'organiser de manière institutionnelle ou conventionnelle. Dans la majorité des situations conflictuelles venues dans les entreprises, ce processus associe ces deux types d'organisation. C'est dans ce contexte que le dialogue social peut être interprofessionnel ou établi branche d'activités par branche d'activités. Il peut s'organiser au niveau de l'entreprise, de la province ou du pays…

Les contraintes du dialogue social

La qualité des relations sociales entre les partenaires est l'une des conditions de la réussite du dialogue au sein de l'entreprise. Elle ne se limite pas à la simple quantité du dialogue organisé entre la direction et les travailleurs. Il faut plutôt que les relations entre les différents acteurs du dialogue social soient des relations socialement humaines et équilibrées. Autrement dit, les éléments de régulation sociale doivent fonctionner correctement au sein de l'entreprise. Le travailleur doit avoir la facilité et le pouvoir de faire remonter librement une information ou une revendication sociale directement au niveau de sa hiérarchie ou au travers de ses représentants.

Ses relations sociales doivent avoir une garantie communicationnelle et la direction doit mettre en place des dispositifs pour pouvoir communiquer directement avec les travailleurs à travers soit le journal interne, des affiches, la boîte à suggestions, la réunion du personnel, soit à travers des rencontres de la hiérarchie via la réunion d'équipes, soit encore à travers les délégués via les consultations. De la même manière, ses relations sociales doivent être apaisées et dépourvues des conflits, des situations de rivalités, du climat de dispute, des préjugés et de méfiance qui rendent les négociations sociales difficiles, voire, dans les cas les plus extrêmes, bloquent le dialogue social[66].

Le taux de couverture des accords – constitué de l'ensemble des questions débattues entre les partenaires sociaux – lié au cadre légal constitue un indicateur de l'intensité du dialogue social plus fiable que le taux d'adhésion. Celui-ci se calcule à partir du nombre de travailleurs qui approuvent librement les recommandations du dialogue social. Cette adhésion dépend de plusieurs

---

[66] HALIFA, Y. et EMONT, P., *Op. cit.,* p. 76.

facteurs tels que les attentes individuelles, les solutions particulières, les conditions catégorielles... C'est ce qui constitue la mesure du dialogue social.

Intégrant certaines préoccupations spécifiques du monde du travail telles que l'environnement du travail, la médecine du travail, etc., l'évolution du cadre législatif a bouleversé les modalités du dialogue social notamment sur les questions de l'hygiène et santé au travail, de protection et sécurité au travail ainsi que de conditions de travail. Elle se traduit principalement par l'élargissement du champ de la négociation collective.

Pour les acteurs du dialogue social, le nouveau cadre doit permettre de maintenir et/ou de renforcer la prise en compte de l'ensemble des questions liées aux conditions de travail et de les articuler aux orientations stratégiques afin de consolider l'efficacité globale des entreprises[67]. La revitalisation du dialogue social dans l'entreprise nécessite une compréhension fine et partagée de tous les enjeux auxquels l'entreprise doit faire face. L'existence des relations de confiance et l'instauration de la transparence de l'information constituent des atouts solides pour enclencher cette dynamique au sein de l'entreprise.

Ainsi, le dialogue social est mesuré à partir de plusieurs outils dont les trois leviers d'amélioration de sa qualité au sein de l'entreprise à savoir la qualité des relations sociales, la qualité de l'information et de la formation des acteurs ainsi que le développement qualitatif de la négociation[68]. Dans le cadre de la qualité des relations sociales, celles-ci sont des interactions plus ou moins formalisées au sein de l'entreprise entre la direction, les représentants du personnel et les travailleurs. L'expérience démontre que la qualité de ces relations est

---

[67] DEBANDE, J-C., *Op. cit.*, p. 219.
[68] *Idem.*, pp. 220-232

un point d'appui important pour développer ou redynamiser les instances plus institutionnelles. Ainsi, les instruments à utiliser sont le droit d'expression directe et collective des travailleurs ainsi que le développement d'une offre publique de médiation préventive.

Les travailleurs doivent s'exprimer directement et librement dans des espaces de discussion sur les conditions de travail. Cette méthode vise à aider les entreprises à structurer un dialogue centré sur l'activité de travail et ses exigences tant du point de vue de l'efficacité collective et des contraintes que des ressources individuelles. Ces échanges ont la vocation de s'inscrire dans le cadre de l'organisation du travail et de s'articuler avec les processus de management et la représentation du personnel dans le but de produire des propositions ou des décisions concrètes sur la façon de mieux travailler en maintenant la bonne.

Par ailleurs, le développement d'une offre publique de médiation préventive est recommandé dans les contextes de dégradation continue des relations sociales. La démarche d'accompagnement sur mesure est inspirée des techniques de médiation préventive. Se référant aux méthodes d'intervention de l'inspection du travail, ces dispositifs peuvent être sollicités pour accompagner des entreprises confrontées à des tensions sociales aigües ou récurrentes en vue d'améliorer le dialogue social entre la direction et le personnel.

L'autre levier d'amélioration de la qualité du dialogue social au sein de l'entreprise est la qualité de l'information et de la formation des acteurs du dialogue social. Certes, la décentralisation des négociations collectives instaurée dans l'entreprise combinée avec l'élargissement des marges de manœuvre pour organiser ces négociations et le fonctionnement de la représentation du personnel supposent l'existence des parties prenantes mieux informées et mieux formées. Des outils et des méthodes pour faire monter en compétence les parties prenantes du dialogue social se font au travers de l'organisation des « formation-actions » destinées aux responsables des ressources humaines et aux représentants du personnel en abordant des sujets émergents, pour lesquels l'offre existant sur le marché reste insuffisamment structurée. Cet outil permet de traiter des questions relatives à la négociation d'un accord sur la qualité de vie au travail, l'égalité professionnelle... Il prend en considération l'analyse de nouveaux enjeux du dialogue social.

A cela, s'ajoute la promotion du savoir-faire pratique en matière de formations communes des employés qui concerne les représentants du personnel et s'oriente vers des thématiques ciblées telles que la compréhension du champ de la santé et de la sécurité au travail, l'amélioration des conditions de vie et de travail, l'assimilation des techniques de négociation collective et de construction d'accords, la promotion des pratiques communes du dialogue social entre les travailleurs et les employeurs ou entre leurs représentants.

Enfin, le dernier levier d'amélioration de la qualité du dialogue social au sein de l'entreprise est le développement qualitatif de la négociation. Il s'agit de permettre que les espaces ouverts aux accords collectifs soient, dans un cadre sécurisé juridiquement, davantage exploités et investis, qu'ils deviennent progressivement des sources d'innovation. Le développement qualitatif du dialogue social constitue un objectif majeur de toutes les négociations d'entreprise. Il est alors important d'assurer l'appropriation des modalités spécifiques du dialogue social et d'outiller suffisamment les partenaires sociaux pour les aider à porter une approche décloisonnée de tous les enjeux économiques et sociaux.

Les limites du dialogue social

Le dialogue social connaît de nombreuses limites. Celles-ci sont liées notamment aux problèmes de la représentativité des syndicats, de la qualité des négociateurs, du désaccord permanent, du cadre opérationnel…

La question de la représentativité syndicale conduit souvent à l'équation d'égalité. Celle-ci doit guider la représentation des acteurs au dialogue social. Les travailleurs doivent avoir confiance à leurs délégués syndicaux. Les employeurs doivent être représentés par les membres de la direction. Les envoyés du gouvernement doivent être légalement mandatés. Cette précaution rassure que chaque délégation se réfère aux exigences de ceux qui l'ont désignée. Elle écarte une certaine opinion qui affirme qu'au nom de l'intérêt général, les syndicats soutiennent parfois des positions qui ne sont pas en faveur de leurs adhérents[69]. La conséquence de cette situation est le rejet des solutions consensuelles obtenues à la fin du dialogue social et la poursuite du mauvais climat social au sein de l'entreprise.

C'est dans ce cadre qu'il est recommandé de bien vérifier la qualité des négociateurs avant la tenue du dialogue. Ainsi, lorsque les délégués sont qualifiés pour négocier, les résultats et les recommandations du dialogue social ne seront pas remis en cause. Par ailleurs, leur présence est une des conditions d'une négociation réussie. En effet, chaque partie a intérêt à se faire représenter par des délégués non contestés et ni contestables pour conclure le plus vite possible, le dialogue social car le temps joue en faveur du succès. Il ne s'agit donc pas seulement de trouver des solutions en vue d'un accord

[69] BERNIER, P., *Op. cit.*, p. 148.

final, mais aussi d'avoir les bonnes réactions pour éviter un désaccord permanent.

La persistance du désaccord ou le rejet des résultats du dialogue social sont souvent occasionnés, d'abord, par l'agressivité lorsque l'objection n'est pas très bien comprise ou sans valeur. Ainsi, les précisions doivent toujours être demandées, avant de contre-attaquer les faits. La riposte fait souvent rentrer le dialogue social dans le cercle vicieux de l'agressivité et au rejet de tout compromis. Ensuite, par le refus qui n'est pas une réserve émise sur une proposition car la réserve ne doit pas être prise pour une décision définitive. Il suffit de prouver la résistance des autres partenaires sociaux en présentant les aspects positifs d'une acceptation et les conséquences négatives d'un rejet. Si chaque partie campe sur sa position en réfutant les arguments les autres, le dialogue social est voué à l'échec. Enfin, par le blocage qui est un refus prolongé d'avancer vers la recherche des solutions consensuelles et durables.

Pour s'en sortir, trois solutions sont souvent préconisées. La première initiative est l'imagination d'une autre solution de contournement. Si la deuxième initiative est le report de la décision à plus tard dans le but d'avancer sur d'autres points de discussion, la troisième et dernière initiative, par contre, est purement la rupture des négociations[70]. Parmi ces trois issues, la première est à privilégier et demande une certaine créativité pour dépasser les jugements hâtifs, l'idée qu'il n'existe qu'une solution. Par conséquent, pour trouver une solution de contournement, le plus simple est d'approfondir les sources du blocage afin d'éviter l'imprévu qui est une

[70] GROUX, G., NOBLECOURT, M. et SIMONPOLI, J-D., *Op. cit.*, pp. 89-92.

donnée nouvelle et étrange à la négociation. Il se produit probablement quand les négociations se prolongent.

Enfin, pour bien conclure le dialogue social au sein d'une entreprise, les critères décisifs qui jouent en faveur des partenaires sociaux à se faire des concessions sont la crédibilité sur le dossier traité et son impact sur le bon fonctionnement de l'entreprise, la pertinence des objectifs réalistes s'appuyant sur des arguments fondés, la clarté des bénéfices que les acteurs sociaux vont tirer de l'accord consensuel, la conviction que la proposition ou la recommandation est réalisable, l'immédiateté qui est le sentiment partagé que l'accord doit être conclu maintenant, que plus tard sera trop tard

2.2. La procédure de conciliation des litiges individuels du travail par l'inspecteur du travail

Comme souligné précédemment, l'inspecteur du travail est le seul responsable légalement institué pour connaître du litige individuel du travail. Il assure l'applicabilité des textes légaux relatifs aux conditions de travail et à la protection des employés dans l'exercice de leur profession. Il fournit aussi des informations et prodigue des conseils techniques aux partenaires sociaux en ce qui concerne l'observance de ces textes[71].

C'est lorsque le litige individuel du travail est porté devant son office par l'une des parties au litige que la procédure de conciliation peut être entamée afin de le résoudre. De ce fait, c'est à l'inspecteur du travail qu'il

---

[71] Article 187 du Code de travail congolais. RDC, « Loi n° 015/2002 du 16 Octobre 2002...*Op.cit.*, pp. 48-49.

revient pleinement le rôle légal de juger le litige individuel naissant entre l'employeur et ses travailleurs lors de l'exécution de leur contrat de travail. C'est dans ce contexte que l'inspecteur du travail doit « assurer l'application des dispositions légales relatives aux conditions de travail et à la protection des travailleurs dans l'exercice de leur profession (...) ; fournir des informations et des conseils techniques aux employeurs et aux travailleurs sur les moyens les plus efficaces d'observer les dispositions légales ; de donner des avis sur les questions relatives à l'établissement ou à la modification des installations d'entreprises et d'organismes soumis à une autorisation administrative ; de porter à l'attention de l'autorité compétente les déficiences ou les abus que révélerait l'application des dispositions légales et qui ne sont pas couverts par celles-ci »[72]. Ainsi, il a pour mission de contrôler, d'informer, de conseiller, de concilier, de décider et de constater les infractions à la législation du travail au sein des entreprises.

Dans tous les cas, la procédure de conciliation du litige individuel du travail commence par la saisine de l'inspecteur du travail par l'une des parties lésées. Profitant de cette saisine, l'inspecteur du travail adresse une invitation de comparution aux parties ou à leurs représentants pour une séance de conciliation dans la quinzaine – mais pas avant trois jours – avec un accusé de réception. Les parties au litige ou leurs représentants légalement mandatés sont alors obligés de comparaître devant l'inspecteur du travail pour une séance d'échanges et de conciliation. Si l'une des parties ne comparait pas après avoir reçu trois invitations successives, l'inspecteur du travail constate son absence au travers de sa non comparution en établissant un procès-verbal (PV) de

[72] Article 187 du Code de travail congolais. RDC, Loi n° 015/2002 du 16 octobre 2002 portant code du travail ... *Op. cit.*, pp. 48-49.

carence. Celle-ci est considérée comme un procès-verbal de non conciliation.

A l'opposé, si toutes les parties au litige comparaissent, l'inspecteur du travail constate leur présence et organise leur rencontre pour échanger sur la nature du litige. Cette réunion est une séance tripartite d'échanges des points de vue – composée de l'inspecteur du travail et des deux parties au litige – pendant laquelle chaque partie explique l'objet du litige. L'objectif poursuivi par l'inspecteur du travail est la conciliation des parties sur base des textes légaux et réglementaires en vigueur. Cette entente vise à restaurer la confiance réciproque et à rétablir la confiance et les bonnes relations professionnelles.

Cependant, l'accord ou le désaccord obtenu entre les deux parties au litige consacre la fin des échanges et leur conciliation ou non. Il conduit l'inspecteur du travail à rédiger et à signer un PV de conciliation ou de non conciliation. La rédaction du PV de conciliation atteste que l'accord est obtenu. Signé par toutes les parties, ce document reprend une formule exécutoire par le Président du tribunal du travail compétent. Par contre, l'établissement du PV de non conciliation laisse voir que la solution n'est pas trouvée entre les parties au litige et que celui-ci continue à les séparer. C'est dans ce contexte que le processus du règlement de ce litige individuel du travail se poursuivra devant le tribunal du travail du ressort.

Toutefois, cette procédure devant le tribunal du travail ne peut être entamée qu'à deux conditions. D'abord, la saisine des juges du tribunal du travail ne peut se faire qu'après le constat d'échec de conciliation par l'inspecteur du travail qui établit un PV de non conciliation ou de carence. Ensuite, la suspension de prescription reste reconnue si la demande de conciliation est adressée au tribunal, à l'initiative de l'une des parties au litige, par l'inspecteur du travail dans le délai de douze mois à dater de la saisine des juges du tribunal du travail.

2.3. Les étapes de la conciliation des litiges individuels du travail à l'inspection du travail

La procédure de la conciliation du litige individuel du travail au niveau de l'inspection du travail suit un cheminement qui peut être schématisé au travers de ses étapes telles que présentées ci-dessous.

Schéma n° 1.

Etapes de conciliation du litige individuel du travail

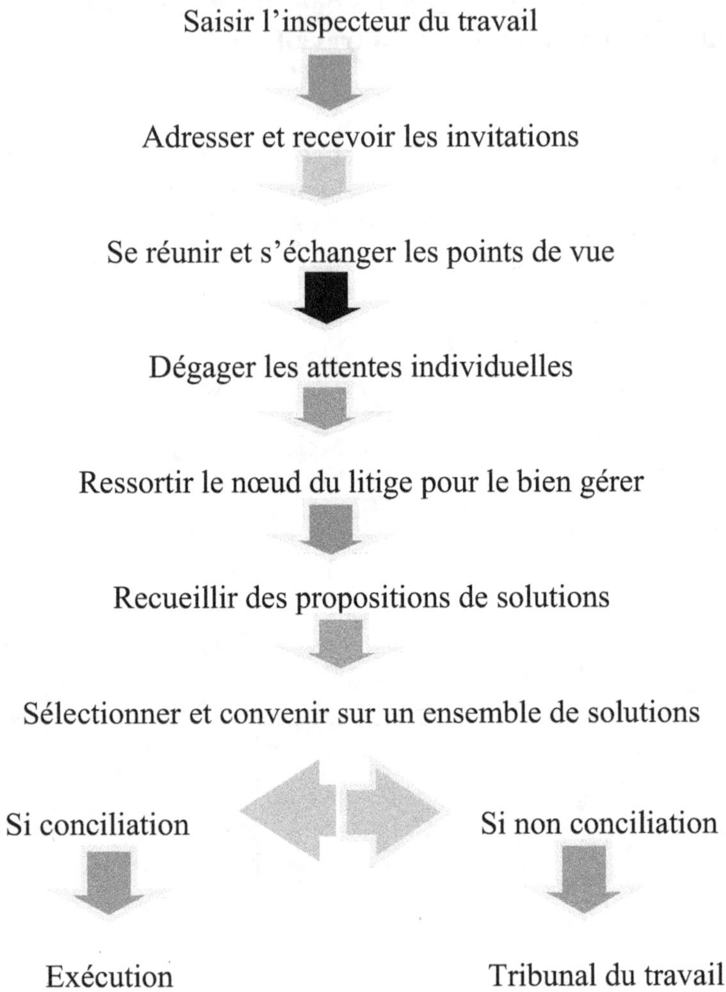

Source : L'auteur

Au sujet de la conciliation du litige individuel du travail, le Code du travail congolais stipule que « Lorsque l'inspecteur du travail est saisi d'un litige individuel du travail, il adresse, avec accusé de réception ou par pli recommandé, une invitation à comparaitre en séance de conciliation dans la quinzaine. En aucun cas, l'invitation ne peut obliger l'une des parties à se présenter dans moins de trois jours. L'inspecteur du travail procède à un échange de vues sur l'objet du litige et vérifie si les parties sont disposées à se concilier sur la base des normes fixées par la législation, la réglementation, les conventions collectives ou le contrat individuel de travail. Les parties peuvent se faire assister ou représenter. A la fin de ces échanges de vues, l'inspecteur du travail établit un procès-verbal constatant la conciliation ou la non-conciliation. Ce procès-verbal est signé par l'inspecteur du travail et les parties. Celles-ci en reçoivent ampliation. Si à la troisième invitation dument reçue, une partie ne comparait pas ou ne se fait pas représenter, l'inspecteur du travail établit un procès-verbal de carence valant constat de non-conciliation.

En cas de conciliation, la partie la plus diligente fait apposer la formule exécutoire sur le procès-verbal auprès du Président du tribunal du travail compétent. Le Président du tribunal du travail compétent est celui dans le ressort duquel le procès-verbal de conciliation est signé. L'exécution est poursuivie comme un jugement du tribunal du travail.

En cas d'échec total ou partiel de la tentative de conciliation (...), le litige peut être soumis au tribunal du travail. Les litiges individuels ne sont pas recevables devant le Tribunal du Travail s'ils n'ont été préalablement soumis à la procédure de conciliation, à l'initiative de l'une des parties, devant l'inspecteur du travail du ressort. Cette procédure est interruptive des délais de prescription

(…), dès la réception de la demande de conciliation à l'inspection du travail, sous réserve toutefois que la demande devant le tribunal du travail, en cas de non-conciliation, soit formée dans le délai maximum de douze mois à compter de la réception du procès-verbal de non-conciliation par la partie diligente »[73].

Somme toute, le litige individuel du travail doit être soumis à la procédure de conciliation devant l'inspecteur du travail pour son règlement. Celui-ci invite les parties au litige pour les échanges et les propositions de solution. En cas de compromis et d'entente entre les protagonistes, un PV de conciliation exécutoire est établi par l'inspecteur du travail et signé par toutes les parties. Au cas contraire, le litige individuel du travail est envoyé au tribunal du travail après l'établissement du PV de non conciliation par l'inspecteur du travail.

[73] Les articles 298-302 du Code de travail congolais. RDC, Loi n° 015/2002 du 16 octobre 2002 portant code du travail … *Op. cit.,* pp. 67-69.

DEUXIÈME PARTIE :

LA NÉGOCIATION ET LA RÉSOLUTION DES CONFLITS COLLECTIFS DU TRAVAIL

CHAPITRE 3 :

LES CONFLITS COLLECTIFS DU TRAVAIL

3.1. Les généralités et précisions terminologiques

Le conflit

Suivant ses origines, le terme « conflit » dérive, étymologiquement, du latin [« confligere »] qui signifie heurter et [« conflictus »] qui se réfère au heurt, au choc, à la lutte ou encore à l'attaque. À cette époque, le conflit avait la signification de la lutte armée, voire au combat pour la conquête du pouvoir entre les protagonistes[74]. Avec l'évolution, il désigne d'abord un antagonisme, une opposition de sentiments, d'opinions entre les hommes ou les groupes[75]. Dans le domaine de la psychologie sociale, le conflit désigne une opposition de motivations contradictoires[76]. Il peut également être considéré comme un antagonisme qui peut aller jusqu'à la lutte politique, militaire et à la guerre[77]. Au sens figuré, le conflit désigne la lutte pour des intérêts antagonistes[78]. Il s'applique à toutes les personnes en désaccord sur les divers sujets. C'est pour cette raison qu'une certaine littérature économique parle de conflit d'intérêts[79] entre le patron et ses travailleurs au sein de l'entreprise.

---

74 FREUND, J., *Sociologie du conflit,* PUF, Paris, 1983, p. 71.
75 PICARD, D. et MARC, E., *Les conflits relationnels*, PUF, Paris, 2008, p. 38.
76 SMITH, E-R, et MACKIE, D-M., *Social Psychology*, Psychology Press Taylor & Francis, UK, 2007, p. 82.
77 ZENTZ, F., *Au cœur des conflits*, Bastberg, Paris, 2007, p. 49.
78 BOILLEAU, J-L., *Conflit et lien social. La rivalité contre la domination*, La Découverte/MAUSS, Paris, 1995, p. 94.
79 HARBULOT, C. et DELBECQUE, E., *La guerre économique*, PUF, Paris, 2011, p. 67.

Toutefois, il est difficile de définir le conflit d'autant plus qu'il revêt de nombreuses formes et survient dans des circonstances différentes. Ainsi, les conflits naissent souvent d'une opposition, d'un désaccord, d'une contradiction, d'une divergence ou d'une incompatibilité. Ils s'appliquent à la quasi-totalité des situations dans lesquelles se trouvent les individus ou les groupes dont les objectifs, les cognitions ou les émotions sont incompatibles et les conduisent à s'opposer les uns aux autres.

C'est dans ce contexte que le conflit s'entend alors comme un affrontement explicite et plus ou moins violent entre des protagonistes dont les intérêts paraissent contradictoires[80]. Sa gravité dépend de la valeur que chaque acteur accorde non seulement à ces intérêts mais aussi au degré de contradiction ou d'incompatibilité[81]. De ce fait, le conflit peut prendre plusieurs formes telles que la grève dans les circonstances de revendication au milieu professionnel, la bagarre dans les manifestations sociales et populaires, la guerre dans les oppositions armées et belliqueuses…

Ainsi, une situation conflictuelle est constatée lorsque deux individus ou deux groupes ont des objectifs opposés et/ou incompatibles. Ceux-ci peuvent être réels lorsqu'ils résultent des conditions objectives d'un cas vérifiable par les protagonistes. Ils peuvent également être imaginaires quand ces objectifs sont nés de la perception erronée faite d'une situation fictive[82]. Le conflit ne dépend pas du nombre d'acteurs en opposition ni de l'objet mis en cause. Se déterminant par la contradiction et la divergence

---

[80] SIMMEL, G., *Le conflit*, Circé, Paris, 1992, p. 53.

[81] CARNEGIE, D. et Associés, *Comment résoudre les conflits*, Le Livre de Poche, Paris, 2021, p. 66.

[82] ROSENBERGE, M., *Dénouer les conflits par la communication non violente*, Jouvence, Paris, 2021, p. 125.

d'intérêts et d'opinions, il se manifeste dans tous les milieux sociaux, culturels, économiques, politiques, professionnels…

Le conflit collectif

Le facteur déterminant d'un conflit collectif est le nombre des protagonistes. Ce n'est ni la cause du conflit, ni l'objet de divergence, encore moins le lieu du différend. Le conflit collectif est l'expression d'une situation litigieuse qui oppose deux individus ou un groupe de personnes défendant les mêmes intérêts contre un autre individu ou un autre groupe de personnes.

Le conflit collectif est considéré comme étant un désaccord entre de nombreux acteurs liés par un accord ou une alliance basée sur la défense des intérêts communs contre un autre groupe d'acteurs soutenant des intérêts contraires. Lors des négociations pour le résoudre, ce type de conflit est souvent défendu par les représentants désignés des groupes opposés devant les juridictions compétentes comme le tribunal de Grande instance (TGI) pour les infractions civiles ou le tribunal du travail pour les conflits professionnels. Il résulte de la manifestation collective du mécontentement des hommes à la suite d'une divergence, née de l'injustice, avec les autres. Ce conflit est qualifié de « collectif » à cause du nombre des protagonistes qui est d'au moins de deux personnes contre un ou plusieurs « adversaires ».

En pratique, un conflit collectif se traduit souvent par des actions collégiales qui constituent, pour la partie lésée, la mise en œuvre des moyens de défense de ses intérêts en faisant pression sur la partie adverse dans le but d'obtenir la satisfaction à ses revendications. Il oppose alors un ensemble de mécontents, d'un côté, contre un autre ensemble d'acteurs, de l'autre côté. Ainsi, la négociation est la procédure la mieux indiquée pour tenter de trouver des alternatives qui peuvent mener à sa résolution[83]. Aboutissant souvent à des compromis ou à des attentes après des concessions mutuelles, le conflit collectif est la forme des revendications professionnelles la plus usitée dans les entreprises.

Le conflit collectif du travail

Dans le monde du travail, le conflit peut se déclencher et se concrétiser par une rupture de l'harmonie socio-professionnelle dans une entreprise[84]. Il conduit à un malaise qui affecte non les relations sociales et professionnelles mais aussi le bon fonctionnement de l'entreprise. Lorsqu'il concerne plusieurs travailleurs, il devient un conflit collectif du travail. Celui-ci est un litige opposant un ensemble de salariés à un employeur pour la défense de leurs intérêts communs se rapportant à leurs conditions de vie et de travail[85]. Autrement dit, le conflit collectif du travail est un différend entre plusieurs employés liés par un contrat de travail à un même employeur.

C'est dans ce contexte que le Code du travail congolais, en son article 303, définit le conflit collectif du travail comme étant « tout conflit survenu entre un ou plusieurs employeurs d'une part, et un certain nombre de membres de leur personnel d'autre part portant sur les conditions de travail, lorsqu'il est de nature à

[83] BOCQUILLON, J-F., ALGLAVE, C., MARIAGE M., « Les conflits collectifs », *Droit social*, 2022, pp. 313-332.

[84] GILLARDIN, J. et Van der VORST, P., *Les conflits collectifs en droit du travail*, Presses de l'Université Saint Louis, Bruxelles, 1989, p. 126.

[85] POITRAS, J., MOISAN, F., PRONOVOST, S., *Gestion des conflits au travail. Mythes et meilleures pratiques*, Ed. Québec livres, Québec, 2018, p. 81.

compromettre la bonne marche de l'entreprise ou la paix sociale »[86]. Dans cette perception, un conflit collectif du travail naît alors du refus d'une partie au contrat de respecter une ou des clauses des textes légaux ou des dispositions réglementaires, d'une part, et des difficultés de leur interprétation ou de faire appliquer les règles du travail, d'autre part, lorsque les travailleurs sont collectivement concernés et lésés.

Par ailleurs, un conflit du travail a un caractère collectif lorsque l'une des parties est constituée de plusieurs employés/employeurs, ou d'un groupement professionnel d'employés ayant pour but de défendre les intérêts de ses membres[87]. Ces revendications collectives se manifestent, le plus souvent, par la grève à l'initiative des travailleurs[88] ou par le lock-out provoqué par les employeurs[89]. Elles sont souvent défendues par des syndicats – des travailleurs ou du patronat – devant l'inspection du travail, la Commission de médiation ou le tribunal du travail[90]. Aboutissant à des conciliations ou à des jugements, ces conflits collectifs du travail ont des causes et des caractéristiques particulières. Ils sont déclarés lorsque plusieurs travailleurs ou employeurs sont impliqués dans le mouvement collectif de revendication pour une cause commune.

---

[86] Article 303 du Code de travail congolais. RDC, Loi n° 015/2002 du 16 octobre 2002 portant code du travail … *Op. cit.*, pp. 72-73.

[87] OIT, *Systèmes de résolution des conflits du travail. Lignes directrices pour une performance accrue*, Centre International de Formation, Genève, 2014, pp. 253-254.

[88] MULUMA MUNUNGA, A.G.T., *Législation du travail et sécurité sociale en République Démocratique du Congo*, L'Harmattan, Paris, 2014, pp. 183-198.

[89] PALSTERMAN, P. et Van DROOGHENBRŒCK, J., *Le lock-out et la grève à travers le miroir de la Cour de cassation*, D.S., 1984.

[90] CORMIER, S., *Dénouer les conflits relationnels en milieu de travail*, Presses de l'Université de Québec, Québec, 2004

3.2. Les causes et les caractéristiques des conflits collectifs du travail

Les causes des conflits collectifs du travail

Si les employeurs stigmatisent l'absentéisme des employés et la baisse de la production, donc du rendement des entreprises comme les principales causes du conflit collectif du travail, les travailleurs, par contre, soulignent le non-respect des textes tels que le Code du travail, la convention collective de l'entreprise et le contrat de travail[91]. Par conséquent, les causes des conflits collectifs du travail ne sont pas toujours les mêmes selon le patronat et/ou les employés. Ainsi, les uns décèlent les causes des conflits collectifs du travail dans les mécontentements, les querelles, les attitudes d'indifférence et de sabotage, les critiques négatives[92]. Les autres découvrent les causes des conflits collectifs du travail dans les comportements professionnels de certains travailleurs et employeurs face aux dispositions légales et conventionnelles[93]. Ces deux situations entrainent des manifestations collectives ou des revendications communes.

Les revendications collectives des employés portent essentiellement sur des intérêts communs tels que les augmentations de salaires, le temps de travail, le décalage des horaires, les acquis sociaux, etc. Pourtant, nombreux sont les travailleurs qui soutiennent que les principales causes des conflits collectifs de travail se trouvent dans le manque de volonté patronale d'améliorer leur situation sociale en augmentant leur salaire et de résoudre les

---

[91] CAMERLYNCK, G.-H, *La grève est l'archétype des libertés spécifiques au droit du travail, c'est la liberté originaire,* Paris, 1984.
[92] *Idem.*
[93] *Ibidem.*

problèmes liés à leurs mauvaises conditions d'exécution des tâches professionnelles au sein des entreprises[94].

Les caractéristiques des conflits collectifs du travail

Le conflit collectif du travail exprime le mécontentement des salariés au sein de l'entreprise. Il se caractérise, d'abord, par un nombre important des protagonistes. Ceux-ci forment un groupe de travailleurs revendiquant leurs intérêts face à un ou plusieurs employeurs. Ce nombre élevé d'employés mécontents le différencie du litige individuel du travail. Ensuite, les principales raisons qui justifient le conflit collectif du travail se résument essentiellement par l'amélioration des conditions de vie et de travail des employés. Opposant deux parties contractantes aux ambitions divergentes, le conflit collectif du travail possède une procédure légale de son règlement qui comporte la conciliation, la médiation et la saisine devant le tribunal du travail[95].

Cette saisine des juges du tribunal du travail est faite par l'une des parties au conflit. Elle s'appuie sur le constat de non conciliation ou de conciliation partielle entre les parties devant l'inspecteur du travail ainsi que les recommandations frappées d'opposition élaborées par la Commission de médiation. La poursuite de ce conflit collectif du travail justifie la rédaction d'un PV de non conciliation ou de conciliation partielle et sa signature par les parties et l'inspecteur du travail. C'est ce dernier qui le

[94] GAVA, M. J., CHAVANIS, J-L, *Outils et pratique de la médiation - Dénouer et prévenir les conflits dans et hors les murs*, InterEditions, Paris, 2014, p. 90.

[95] Article 304 du Code de travail congolais. RDC, Loi n° 015/2002 du 16 octobre 2002 portant code du travail … *Op. cit.*, p. 78.

transmet à la Commission de médiation[96]. Ensuite, un second PV d'accord – lorsqu'il y a attente – ou de désaccord – lorsque la divergence persiste – est dressé par le Président de la Commission de médiation pour marquer la fin de la médiation. Dans le second cas du désaccord, les recommandations sont motivées par la Commission et remises à l'inspecteur du travail et aux parties. Les décisions finales sont constituées soit des accords de conciliation ou des recommandations non frappées d'opposition, soit des désaccords persistants[97]. Une fois affichés, ces accords de conciliation ou ces recommandations non frappées d'opposition deviennent obligatoires et exécutoires. C'est dans ce contexte que toutes les parties au conflit mettront en application les accords approuvés.

3.3. Les formes de manifestation des conflits collectifs du travail

Les manifestations des conflits collectifs du travail dans une entreprise se concrétisent de deux manières en tenant compte de leurs origines. Si le conflit provient de la revendication des travailleurs, il se manifeste sous forme de la grève. Tandis que si le conflit tire son origine du mécontentement de l'employeur ou du patronat, il est qualifié de lock-out[98]. Bien que le patronat n'ait qu'une

---

[96] Articles 307 et 308 du Code de travail congolais. RDC, Loi n° 015/2002 du 16 octobre 2002 portant code du travail… *Op. cit,* pp.73-74.

[97] Articles 309 à 315 du Code de travail congolais. RDC, Loi n° 015/2002 du 16 octobre 2002 portant code du travail … *Idem,* pp. 74-76.

[98] PALSTERMAN, P. et Van DROOGHENBRŒCK, J., *Le lock-out et la grève à travers le miroir de la Cour de cassation*, D.S., 1984, p. 49.

seule façon de matérialiser son désaccord, les ouvriers manifestent le leur de diverses manières.

Le mécontentement collectif des ouvriers ou la grève

La grève est l'expression du mécontentement de la masse laborieuse, mieux un mouvement collectif pris à l'initiative de tout ou d'une partie des travailleurs d'une entreprise pour contraindre l'employeur à la négociation de leurs conditions de travail et de leur rémunération[99]. Comme la grève est un moment d'arrêt du travail, elle n'est possible que pendant le temps du travail effectif. Cet arrêt du travail peut intervenir à tout moment, sauf dans le secteur public.

Dans tous les cas, le droit de grève est reconnu et garanti par la Constitution de la République Démocratique du Congo[100] et la loi sur la grève préconise un délai de préavis afin de présenter préalablement des revendications professionnelles à l'employeur avant le déclenchement effectif du mouvement de grève[101]. Cependant, la grève peut aussi être décidée dans un but de solidarité avec d'autres entreprises, même si les protestataires n'appartiennent pas au même employeur, pour exprimer la crainte d'une décision future ou pour un but politique.

Les diverses formes des revendications ouvrières

Les manifestations du mécontentement des ouvriers peuvent revêtir plusieurs formes. Celles-ci se diffèrent en

---

[99] PALSTERMAN, P. et Van DROOGHENBRŒCK, J., *Op. cit.,* p. 89.

[100] Article 39 de la constitution congolaise. RDC, Loi n° 015/2002 du 16 octobre 2002 portant Constitution de la République Démocratique du Congo.

[101] CAMERLYNCK, G.-H, *Op. cit.,* p. 58.

fonction de la manière dont la grève se matérialise dans le milieu du travail[102]. C'est ainsi qu'il existe la grève perlée qui consiste à exécuter le travail au ralenti ou dans des conditions volontairement défectueuses, sans interruption véritable de l'activité professionnelle. Caractérisée par l'inexécution partielle des obligations découlant du contrat de travail, elle engage la responsabilité contractuelle des employés.

Dans un autre contexte, figure la grève limitée à une obligation particulière du contrat qui est un mouvement de revendication dans lequel les employés exécutent leur contrat de manière classique. En d'autres termes, les travailleurs ne viennent plus accomplir leurs tâches professionnelles tous les jours tels que le week-end ou le samedi matin alors que la revendication porte justement sur le travail du week-end ou du samedi matin. De son côté, la grève d'avertissement est une revendication collective de courte durée. Elle n'est autorisée que si elle présente un caractère collectif et qu'elle a un but professionnel. Le débrayage et la grève de très courtes durées sont légaux sauf s'ils présentent un caractère abusif ou s'ils entrainent une désorganisation de l'entreprise.

La grève du zèle, par contre, permet aux travailleurs d'appliquer très strictement les consignes données pour l'exécution de leur travail. Elle aboutit à ralentir, et parfois, à la paralysie d'un ou de plusieurs services car le travail est exécuté lentement. Tandis que la grève « bouchons » est un arrêt de travail observé par les employés d'une entreprise qui a pour conséquence immédiate de bloquer et/ou de paralyser tout ou une partie de son fonctionnement.

Si la grève tournante est un mouvement de mécontentement qui consiste en un arrêt de travail affectant successivement, dans l'entreprise, soit des catégories

---

[102] CAMERLYNCK, G.-H, *Op. cit.*, pp. 58-99.

professionnelles, - la grève tournante verticale -, soit des secteurs d'activité – la grève tournante horizontale –, la grève surprise, par contre, n'est possible que si elle engendre les abus au sein de l'entreprise. Par ailleurs, il faut qu'au moins deux travailleurs soient en grève avec l'existence ou non d'un mot d'ordre au niveau national pour parler effectivement de la grève surprise.

Une autre forme de la grève se manifeste par l'occupation des locaux qui n'est pas, en elle-même, illicite et le piquet de grève est constitué par le regroupement des travailleurs grévistes devant l'entrée de l'entreprise. Le but poursuivi par cette dernière forme de grève est d'inciter les travailleurs non-grévistes à cesser d'accomplir leurs obligations professionnelles pour rejoindre le mouvement et à gêner le bon fonctionnement de l'entreprise.

L'expression du mécontentement patronal

Appelé également la grève des employeurs ou patronal, le lock-out est la fermeture momentanée d'une entreprise décidée unilatéralement par l'employeur pour répondre à un conflit collectif des ouvriers – la grève –. Ce mode de mécontentement patronal est généralement utilisé lorsqu'une grève ouvrière est partielle, afin de faire pression sur les travailleurs grévistes à abandonner leur mouvement. Il conduit parfois l'employeur à prendre des mesures radicales le poussant à ne plus rémunérer ces travailleurs non-grévistes. De ce fait, le salaire perd son caractère alimentaire.

Le lock-out permet notamment le patron à contrer la grève de quelques employés qui bloquent le bon fonctionnement de l'entreprise. Privés de leurs droits, ces grevistes cèdent souvent à la pression de l'employeur.

3.4. Les conséquences de la manifestation des conflits collectifs du travail

Comme le droit de grève est constitutionnellement reconnu à tous les employés, son exercice ne peut justifier ni la prise des sanctions, ni le licenciement à l'encontre des travailleurs grevistes[103]. C'est dans ce contexte que certains soutiennent que les conflits collectifs du travail favorisent la pacification de l'entreprise et la maximisation des rendements s'ils sont bien gérés[104]. D'autres y voient plutôt un élément destructeur dans ces mouvements de mécontentement collectifs du travail[105]. Ainsi, le déclenchement des conflits collectifs dans les lieux du travail entraine plusieurs conséquences notamment la perte de la cohésion et du moral dans le groupe, le mauvais climat de travail, l'émergence de la méfiance, l'absence de collaboration franche, la naissance de l'esprit de haine-agressive, la perte de temps, la destruction de l'outil de travail, la baisse de la productivité et du rendement, etc.

En somme, les conflits collectifs du travail entrainent la perte de l'esprit d'équipe, l'absence de la synergie professionnelle, la détérioration du climat social, la haine et la méfiance, l'arrêt de la franche collaboration entre les partenaires sociaux. Par contre, la bonne gestion et le règlement de ces conflits collectifs du travail peuvent contribuer à la croissance de la productivité des entreprises, au renforcement de la collaboration entre les

---

[103] Article 39 de la constitution congolaise. RDC, Loi n° 015/2002 du 16 octobre 2002 portant Constitution de la République Démocratique du Congo.

[104] GILLARDIN, J. et Van der VORST, P., *Les conflits collectifs en droit du travail*, Presses de l'Université Saint Louis, Bruxelles, 1989, p. 178.

[105] GUINCHARD, R., *Les personnalités difficiles ou dangereuses au travail*, Ed. Elsevier Masson, Paris, 2013, p. 67.

travailleurs et le patronat ainsi qu’à la compétitivité des talents et de l'excellence du personnel.

CHAPITRE 4 :

LA PROCÉDURE DE RÉSOLUTION DES CONFLITS COLLECTIFS DU TRAVAIL

L'examen de la procédure de résolution des conflits collectifs du travail laisse voir que celle-ci commence par la conciliation des parties au conflit à l'instar de la procédure du règlement des litiges individuels du travail. C'est en cas du désaccord aboutissant à la non conciliation que la procédure de médiation des conflits collectifs du travail peut être entamée. De même que la saisine des juges du tribunal du travail ne peut être envisagée qu'après avoir constaté l'échec des étapes antérieures : la conciliation et la médiation.

Ainsi, la longue procédure de résolution des conflits collectifs du travail débute devant l'inspecteur du travail en tentant de concilier les protagonistes. Au cas de non attente, leur différend est porté devant la Commission de médiation qui, à son tour, fait des propositions afin d'amener les parties à une solution commune avant d'entamer la procédure de résolution de leur conflit devant le tribunal du travail[106]. Celui-ci constitue la dernière instance à consulter lors de la quête des solutions aux différents conflits collectifs du travail.

4.1. La conciliation des conflits collectifs du travail

La procédure de conciliation des conflits collectifs devant l'inspecteur du travail

La conciliation des conflits collectifs du travail se déroule devant l'inspecteur du travail. Sa résolution suit la

[106] Article 304 du Code de travail Congolais. RDC, Loi n° 015/2002 du 16 octobre 2002 portant code du travail….. *Op. cit.*, p. 73.

même procédure que lors du règlement du litige individuel du travail. Autrement dit, c'est devant les instances compétentes dirigées par l'inspecteur du travail que les Parties en conflit se retrouvent et échangent mutuellement leur point de vue pour chercher une solution consensuelle.

Cette procédure peut être considérée comme une réponse de l'inspecteur du travail à la saisine de la Partie lésée. Toutefois, il « peut entamer la procédure de conciliation lorsqu'il a connaissance d'un conflit collectif qui ne lui a pas été notifié »[107]. Ainsi, l'inspecteur du travail entame la procédure de conciliation en invitant les différentes Parties en conflit ou leurs représentants à comparaitre. L'absence de l'une des Parties empêche la poursuite de la procédure de conciliation. Par conséquent, l'inspecteur du travail établit un PV de carence valant la confirmation de non conciliation[108] et la juridiction compétente, une fois saisie, peut prononcer une sanction judiciaire[109]. Cette situation respecte l'adage qui dit « malheur aux absents ».

Dans le cas contraire, l'inspecteur du travail constate la présence de toutes les Parties en conflit ou de leurs représentants et procède à l'échange des points de vue afin de dénicher le nœud du conflit, connaitre leurs attentes, sélectionner leurs propositions de solution, dégager leurs convergences pour tenter de les concilier et de trouver une issue favorable au conflit collectif du travail. C'est à la fin de la procédure qu'il dresse un PV de conciliation si toutes les Parties sont arrivées à un accord, de conciliation partielle si certains points de divergence

---

[107] Article 307 du Code du travail congolais... RDC, Loi n° 015/2002 du 16 octobre 2002 portant code du travail….*Op. cit.*, p. 73.

[108] *Idem.*

[109] Cette sanction judicaire est constituée d'une peine de servitude pénale de 30 jours ou une amende de 30.000 Fc. Article 322 du Code de travail Congolais. RDC, Loi n° 015/2002 du 16 octobre 2002 portant code du travail…*Ibidem.*, p. 78.

persistent ou de non conciliation lorsqu'aucune attente n'est trouvée et le conflit continue. Ce document résumant la position des Parties à la fin de la procédure est signé par l'inspecteur du travail et contresigne avec les parties[110].

Si l'accord justifiant la conciliation entre les Parties est une décision finale opposable à tous et exécutoire, le désaccord partiel ou total marquant la non conciliation est soumis à la procédure de médiation des conflits collectifs du travail. Toutefois, en cas de non conciliation, de conciliation partielle ou des recommandations frappées d'opposition, la Partie lésée dispose d'un délai légal de dix jours ouvrables pour saisir les instances supérieures afin d'exposer les points de divergences[111]. Cette saisine est l'acte qui autorise ces instances de connaître des conflits collectifs du travail.

Somme toute, la conciliation des conflits collectifs du travail est faite devant l'inspecteur du travail qui est saisi par la Partie lésée. Procédant à l'invitation des Parties au conflit, celles-ci lui explicitent leurs points de vue et leurs propositions de solution. Leurs échanges aboutissent soit à la conciliation totale, soit à la conciliation partielle ou encore à la non conciliation. En cas de conciliation, les Parties appliquent l'accord. Tandis qu'en cas de conciliation partielle ou de non conciliation, la procédure de résolution des conflits collectifs du travail continue au niveau des instances supérieures qui sont la Commission de médiation et le tribunal du travail. Cette procédure peut être schématisée de la manière suivante.

---

[110] Article 308 du Code du travail congolais. . RDC, Loi n° 015/2002 du 16 octobre 2002 portant code du travail….*Op. cit.*, p. 73.
[111] Article 305 du Code du travail congolais. . ….*Idem.*, p. 73.

Schéma n° 2.

Etapes de conciliation des conflits collectifs du travail

Saisir l'inspecteur du travail

Adresser et recevoir les invitations avec préavis de 3 jours

Se réunir et s'échanger les points de vue

Dégager les attentes individuelles

Ressortir le nœud du conflit pour bien le gérer

Recueillir des propositions de solutions

Sélectionner et convenir sur un ensemble de solutions

Si conciliation — Non conciliation

Exécution — Commission de médiation

Source : L'auteur

4.2. La médiation des conflits collectifs du travail

La soumission des conflits collectifs du travail à la procédure de médiation

Cette procédure ne peut être entamée qu'en cas de non conciliation totale ou partielle, confirmant l'échec de la tentative de conciliation entre les Parties en conflit constaté par l'inspecteur du travail. Après avoir dressé le PV de non conciliation ou de conciliation partielle, dans les quarante-huit heures, contresigné par les protagonistes, celui-ci transmet le dossier litigieux soit au Gouverneur de province lorsque les entreprises se situent dans une seule province, soit au Ministre du Travail si les entreprises se situent dans plusieurs provinces[112].

A cet effet, une Commission de médiation est mise en place. Celle-ci est composée du Président du tribunal de Paix – Prés. Tripaix – ou d'un magistrat qu'il choisit et de deux assesseurs[113] qui sont étrangers au conflit et aux entreprises affectées par le conflit. Ceux-ci sont désignés soit par le Gouverneur de province, soit par le Ministre ayant le travail dans ses attributions dont l'un des assesseurs est pour l'employeur et l'autre assesseur est pour les travailleurs[114]. Une fois la Commission constituée, le Président du tribunal de Paix ou le magistrat qu'il a désigné en assure la Présidence. Recevant le dossier des conflits collectifs du travail et après son examen pendant une durée de quatre jours ouvrables, le Président de la Commission convoque les membres de la

---

[112] Article 309 du Code du travail congolais. RDC, Loi n° 015/2002 du 16 octobre 2002 portant code du travail….*Op. cit.*, p. 74.

[113] Les assesseurs : [du latin, assidere : s'asseoir auprès] sont des juges qui assistent le Président d'une Commission de médiation ou d'un tribunal.

[114] Article 310 du Code du travail congolais. RDC, Loi n° 015/2002 du 16 octobre 2002 portant code du travail….*Idem.* p.74.

Commission. Cette Commission de médiation se réunit trois jours après sa saisine pour l'inspecteur du travail et se prononce en droit dans le conflit d'interprétation et d'exécution de lois, de règlements ou de convention collective[115]. Ayant de larges pouvoirs pour recueillir les témoignages et les versions verbales et/ou écrites des Parties sur la situation économique des entreprises et sur les conditions de vie et de travail des employés au conflit, rechercher les causes de la mésentente et rassembler les faits pour déceler les causes du conflit, elle peut procéder aux enquêtes, aux entretiens, à l'observation pour plus d'informations. Elle peut même recourir à l'expertise extérieure.

Tenue au secret professionnel et aux séances à huis clos, la Commission de médiation est appelée à terminer son instruction dans les dix jours ouvrables à compter de la 1ère séance, d'une part, et à délibérer dans les cinq jours ouvrables, d'autre part, tout en sachant que la voix du Président de la Commission est prépondérante en cas d'égalité de votes[116]. A la fin de la délibération, la décision prise par les membres de la Commission est écrite et signée par tous ses trois membres : le Président de la Commission et ses deux assesseurs. Dans le cas des divergences profondes et persistantes des membres de la Commission ou à défaut d'aboutir à une décision collective, une autre Commission de médiation composée d'autres membres que ceux de la Commission précédente sera créée. Cette nouvelle Commission de médiation disposera de dix jours ouvrables pour rendre sa décision[117].

---

115 Article 311 du Code du travail congolais. RDC, Loi n° 015/2002 du 16 octobre 2002 portant Code du travail….*Op. cit.*, pp.74-75.

116 *Idem*

117 *Ibidem.*

Toutefois, si un accord est trouvé entre les Parties sous la médiation de la Commission, un PV d'accord est dressé par le Président de Commission et signé par tous les membres de la Commission ainsi que les Parties au conflit. La copie de ce PV d'accord est remise à l'inspecteur du travail et aux Parties au conflit[118]. Tandis que lorsque le désaccord persiste entre les Parties en conflit, la Commission formule des recommandations motivées et les soumet aux Parties, pour appréciation et opposition éventuelle. Celles-ci disposent d'une durée de sept jours ouvrables pour remettre leurs suggestions et leur opposition éventuelle à la Commission. Cependant, si ce délai de sept jours ouvrables passe et au cas du silence de ces Parties au conflit, la Commission considère que les recommandations sont acceptées par les Parties et elles deviennent opposables à tous. Par conséquent, elles acquièrent la force exécutoire[119]. Après l'affichage de tous les accords de conciliation et de toutes les recommandations non frappées d'opposition devant l'inspecteur du Travail ou la Commission de médiation dans les locaux des entreprises et à l'inspection du Travail, les minutes de ces accords et de ces recommandations sont déposées au greffe du tribunal du travail du lieu du conflit[120]. Leur exécution devient obligatoire pour les Parties au conflit.

S'il y a opposition de l'une des Parties, celle-ci est adressée par écrit au Président de la Commission, à l'inspecteur du Travail et à l'autre Partie. Les réactions de ces derniers à l'opposition formulée ouvrent la voie vers la cessation collective du travail ou la grève.

---

[118] Article 312 du Code du travail congolais. RDC, Loi n° 015/2002 du 16 octobre 2002 portant code du travail….*Op. cit.*, p. 75.

[119] Article 313 du Code du travail congolais….*Idem*, pp. 75-76

[120] Article 314 du Code du travail congolais…*Ibidem*, p.76.

Schéma n° 3.

Procédure de médiation du conflit collectif du travail

Transmission du dossier litigieux à la Commission

Analyse du conflit d'interprétation/exécution des lois

Enquête/recherche de complément d'information

Fin de l'instruction et décision écrite dans le délai.

Elaboration et signature du PV

Si accord et conciliation

Remise copie du PV

Si désaccord et non conciliation

Formulation des recommandations motivées

Pas d'opposition des parties dans le délai

Exécution obligatoire

Opposition des parties dans le délai

Transmission lettre d'opposition au Président de la Commission,

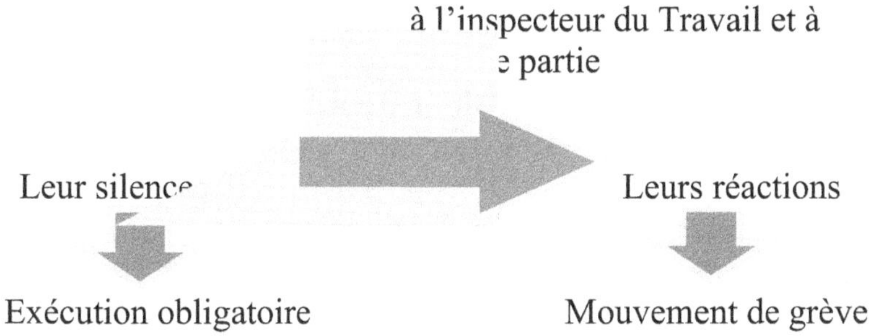

Source : L'auteur

Somme toute, en cas de non-conciliation totale ou partielle devant l'inspecteur du travail, le conflit collectif du travail est impérativement soumis à la procédure légale de médiation. Lorsque ce conflit affecte un ou plusieurs établissements situés dans une seule province, il est transmis par l'inspecteur du travail au Gouverneur de province. Tandis que s'il affecte plusieurs établissements situés dans plusieurs provinces, il est transmis, par l'inspecteur du travail, au ministre ayant le travail et la prévoyance sociale dans ses attributions. Ainsi, ce conflit collectif non réglé en conciliation par l'inspecteur du travail est soumis à une Commission de médiation.

Cette Commission se compose du Président du tribunal de Paix du lieu où est né le conflit ou d'un magistrat désigné par lui, d'un assesseur employeur et d'un assesseur travailleur. Elle est présidée par le Président du tribunal de Paix ou le magistrat désigné. Les assesseurs doivent être étrangers à l'établissement affecté par le conflit[121]. La Commission se réunit dans les trois jours ouvrables de la saisine et ne peut se prononcer sur

---

[121] Articles 309 à 311 du Code du travail congolais. RDC, Loi n° 015/2002 du 16 octobre 2002 portant code du travail….*Op. cit.*,, p. 74.

d'autres objets que ceux déterminés par le procès-verbal de non-conciliation.

Se prononçant en droit dans les conflits relatifs à l'interprétation et à l'exécution des actes législatifs, réglementaires ou d'une convention collective, elle se prononce en équité sur tous les autres conflits et jouit de plus larges pouvoirs pour s'informer sur la situation économique des établissements et sur les conditions des travailleurs. Par conséquent, elle peut procéder à toute enquête auprès des établissements et des organisations professionnelles et requérir la production de tous les documents ou renseignements d'ordre économique, comptable, statistique, financier ou administratif auprès des Parties, voire recourir à l'expertise extérieure pour l'accomplissement de sa mission.

Tenue au secret professionnel, la Commission tient toutes ses séances à huis-clos et est tenue de terminer son instruction dans les dix jours ouvrables à dater de la première séance. Pendant le délibéré, la voix du Président est prépondérante en cas de parité. La décision de la Commission est rendue par écrit et signée par tous ses membres dans les cinq jours ouvrables à partir de la prise de la cause en délibéré. Dans le cas contraire, une nouvelle Commission composée sera désignée pour rendre sa décision obligatoirement dans les dix jours ouvrables à dater de son assignation.

Lorsque l'accord est trouvé, un PV est dressé par le Président de la Commission qu'il signe avec les autres membres de la Commission et les Parties. La copie certifiée de ce PV est délivrée à l'inspecteur du travail et aux Parties[122]. Tandis qu'en cas non-conciliation, la Commission formule des recommandations motivées qui

---

[122] Articles 312 à 314 du Code du travail congolais. RDC, Loi n° 015/2002 du 16 octobre 2002 portant code du travail….*Op. cit*.„ pp. 75-76.

sont immédiatement notifiées aux Parties. A l'expiration d'un délai de sept jours ouvrables à partir de cette notification et si aucune réaction contraire n'est manifestée, les recommandations sont acceptées et acquièrent force exécutoire.

L'exécution d'un accord de conciliation ou des recommandations non frappées d'opposition devant l'inspecteur du travail ou la Commission de médiation est obligatoire pour les parties intéressées. Devant leur silence, elle porte ses effets à compter du jour de la notification à l'inspecteur du travail.

L'affichage de ces accords de conciliation et de ces recommandations non frappées d'opposition est fait dans les locaux des établissements affectés par le conflit et dans le bureau de l'inspecteur du travail. Le manuscrit des accords et des recommandations est déposé au greffe du tribunal du travail du lieu du conflit.

Dans le cas contraire, l'opposition est formée par lettre adressée au Président de la Commission, à l'autre partie et à l'inspecteur du travail. Elle conduit vers la cessation collective du travail dont la participation ne peut se justifier que lorsqu'il y a un conflit collectif du travail et l'épuisement de tous les moyens conventionnels ou légaux de règlement du conflit[123].

4.3. Les tribunaux du travail

L'organisation et le fonctionnement des tribunaux du travail

La circonscription territoriale du tribunal du travail couvre le même ressort que celui du tribunal de grande instance (TGI) dont la composition est faite d'un

---

[123] Article 315 du Code du travail congolais. RDC, Loi n° 015/2002 du 16 octobre 2002 portant code du travail….*Op. cit.*,, p. 76.

Président, des juges et des juges assesseurs. Le Président et les juges sont désignés par le ministre ayant la Justice dans ses attributions parmi les juges du tribunal de grande instance. Tandis que les Juges-assesseurs sont désignés pour un mandat de deux ans par le ministre ayant le travail et la prévoyance sociale dans ses attributions sur base des propositions des Organisations professionnelles des employeurs et des travailleurs.

Avant d'entrer en fonction le Juge-assesseur prête devant le Président de la juridiction dont il relève le serment suivant : « *Devant Dieu et la Nation, je jure de remplir mes fonctions avec loyauté et intégrité et de garder le secret de délibérés* »[124]. Son mandat donne droit une présence primée dont le montant est fixé par le ministre du Travail et la prévoyance sociale sur proposition de l'organisation professionnelle de l'intéressé qui en a la charge. Tandis que le magistrat du tribunal du travail bénéficie d'une prime déterminée par le ministre de la Justice à charge du Trésor public.

Le tribunal du travail siège avec trois membres : un Président magistrat de carrière et deux Juges-assesseurs dont l'un représente les employeurs et l'autre symbolise les travailleurs. Dans chaque tribunal du travail, il y a un greffier et un huissier assistés d'un ou de plusieurs adjoints désignés par le ministre de la Justice. Outre la fonction d'encadrement des agents d'exécution, le greffier du tribunal du travail est responsable du bon déroulement de la procédure juridictionnelle et de l'authenticité des actes établis par les magistrats au cours du procès. Tandis que l'huissier du tribunal du travail est un officier du ministère public qui a compétence non seulement pour signifier les actes de procédure aux Parties mais aussi pour

---

[124] Article 5 de la loi sur les tribunaux du travail. RDC, la loi n° 016 - 2002 du 16 octobre 2002 portant création, organisation et fonctionnement des tribunaux du travail

mettre en œuvre la force exécutoire des décisions de justice prises par ce tribunal. A ce titre, il est habilité à délivrer les assignations et les citations en justice, plus particulièrement en matière civile dont relèvent les conflits du travail.

En outre, ce tribunal du travail siège également avec le concours du ministère public (MP) exercé par le Procureur de la République près le tribunal de grande instance du ressort. Il se réfère aux dispositions communes aux Cours et Tribunaux du Code de l'organisation et de la compétence judiciaires de la République Démocratique du Congo. Par conséquent, les jugements rendus par les tribunaux du travail sont susceptibles d'opposition devant la juridiction qui a rendu le jugement et susceptibles d'appel devant la Cour d'appel comme dans toutes les matières civiles.

Les compétences des tribunaux du travail

Ils connaissent « des litiges individuels survenus entre le travailleur et son employeur dans ou à l'occasion du contrat de travail, des conventions collectives ou de la législation et de la réglementation du travail et de la prévoyance sociale (...) et des conflits collectifs du travail, à savoir, les conflits survenus entre un ou plusieurs employeurs, d'une part, et un certain nombre de membres de leur personnel, d'autre part, au sujet des conditions de travail lorsqu'ils sont de nature à compromettre la bonne marche de l'entreprise ou la paix sociale »[125].

Le tribunal du lieu du travail est le seul compétent à connaitre des conflits du travail. Cependant, lorsque les conflits du travail affectent plusieurs entreprises situées

---

[125] Articles 16 et 17 de la loi sur les tribunaux du travail. RDC, la loi n° 016 -2002 du 16 octobre 2002 portant création, organisation et fonctionnement des tribunaux du travail.

dans plusieurs territoires d'une même province, c'est le tribunal du travail du Chef-lieu de la province qui est compétent. De la même manière, le tribunal du travail de la Ville-Province de la Capitale Kinshasa est compétent pour connaître des conflits collectifs du travail affectant plusieurs entreprises situés dans plusieurs provinces de la République Démocratique du Congo[126].

La procédure devant les tribunaux du travail

Elle commence par la procédure de conciliation devant l'inspecteur du travail à l'initiative de l'une des parties au conflit qui le saisit par une requête écrite ou verbale déposée chez le greffier. Si la requête verbale est actée et signée par le greffier et le déclarant, celle écrite doit contenir l'identité, la profession et le domicile des Parties, la dénomination et le siège social de l'entreprise… qui sont joint au PV de non-conciliation ou de conciliation partielle dressé par l'inspecteur du travail.

En cas de non-conciliation, de conciliation partielle ou de recommandations frappées d'opposition, le tribunal du travail est saisi par l'une des Parties dans le délai de dix jours à dater de l'expiration de préavis de grève ou de lock-out notifié à l'autre Partie. La saisine du tribunal du travail a un effet suspensif sur le mouvement de grève ou le lock-out.

Dans les huit jours ouvrables à dater de la réception de la requête, le Président du Tribunal du travail fixe l'audience à laquelle l'affaire sera examinée et désigne les

[126] Article 30 de la loi sur les tribunaux du travail. RDC, la loi n° 016-2002 du 16 octobre 2002 portant création, organisation et fonctionnement des tribunaux du travail.

Juges-assesseurs qui seront appelés à siéger[127]. Cependant, les Juges-assesseurs doivent être choisis parmi ceux qui appartiennent à la même branche d'activité économique affectée par le conflit du travail.

Le greffier convoque les Parties et précise le lieu, la date et l'heure de l'audience, le nom ou la dénomination sociale, la profession et le domicile ou le siège des Parties ainsi que l'objet de la convocation. En pratique, à la troisième audience, l'affaire doit être plaidée et communiquée au ministère public pour avis dans les quinze jours à partir de la réception du dossier au Parquet. Les tribunaux du travail doivent rendre leurs jugements dans un délai de quinze jours à partir de la prise en délibéré pendant laquelle les Juges-assesseurs ont voix délibérative et les décisions sont prises à la majorité simple des voix[128]. En cas de plus de deux opinions, le moins ancien des Juges-assesseurs se rallie à la position du Président du tribunal.

Pour assurer le bon fonctionnement des tribunaux du travail, un comité est mis en place dont la durée et la composition sont déterminées par les ministres de la Justice et du Travail et la Prévoyance sociale[129]. Il a également pour mission de s'assurer de l'expédition régulière des affaires du travail.

Les prescriptions des infractions aux tribunaux du travail

Désignant l'abandon des actions nées des litiges individuels du travail et/ou le conflit collectif du travail à

---

[127] Article 30 de la loi sur les tribunaux du travail. RDC, la loi n° 016 - 2002 du 16 octobre 2002 portant création, organisation et fonctionnement des tribunaux du travail.

[128] Article 34 de la même loi sur les tribunaux du travail.... *Idem.*

[129] Article 46 de la même loi.... *Ibidem.*

la suite du non-respect, par les Parties, des dispositions du contrat de travail, les prescriptions des infractions aux tribunaux du travail se font après une échéance de trois ans. Cependant, certaines actions en paiement du salaire ou des frais de voyage et de transport peuvent être prescrites avant l'échéance légale.

Toutefois, la durée de la prescription des infractions aux tribunaux du travail peut être interrompue par une citation en justice, un arrêté de compte intervenu entre les Parties mentionnant le solde dû au travailleur et demeuré impayé, une réclamation par lettre recommandée du travailleur avec avis de réception auprès de l'employeur et une réclamation du travailleur auprès de l'inspecteur du travail[130].

Les sanctions administratives infligées par les tribunaux du travail

Les tribunaux du travail disposent des mesures punitives telles que la fermeture provisoire de tout ou partie de l'entreprise, la fixation des taxes et redevances... qui sont des sanctions administratives[131]. Celles-ci sont applicables à l'encontre des employeurs dès l'expiration du délai de la mise en demeure de l'accord de conciliation obtenu entre les Parties.

Les pénalités applicables par les tribunaux du travail

Il s'agit des peines applicables contre les auteurs des infractions aux dispositions des textes légaux et réglementaires qui régissent le monde du travail. Ces

---

[130] Articles 316 et 317 du Code du travail congolais. RDC, Loi n° 015/2002 du 16 octobre 2002 portant Code du travail... *Op. cit.*, pp. 76-77.

[131] Articles 318 et 319 du Code du travail congolais.... *Idem* p. 77.

peines sont constituées des amendes en violation de la convention collective, du Code du travail, des décrets, des arrêtés et des absences aux invitations de l'inspecteur du travail.

Elles sont complétées par la peine de servitude pénale qui représente la peine de prison. L'application de cette peine contraint le condamné à la privation de certains droits et liberté, de tout lien social et, parfois à l'exécution des travaux forcés[132]. Sont également appliquées les amendes pour l'obstacle aux fonctions de l'inspecteur du travail et de la Commission de médiation, pour les violences, les menaces, les contraintes, les mensonges, les fraudes, les refus, les destructions méchantes, les atteintes à la libre désignation des représentants des travailleurs et à l'exercice régulier de leurs fonctions, la vulgarisation des secrets de fabrication ou la concurrence déloyale, les contreventions à certaines dispositions du Code du travail[133]. A cela, s'ajoutent les cas de faire ou tenter de faire obstacle à l'exercice des fonctions reconnues aux inspecteurs et contrôleurs du travail et à la Commission de médiation,

L'usage de violence, de menace ou de toute autre contrainte, de promesses mensongères ou de manœuvres frauduleuses soit pour engager ou se faire engager, pour s'opposer à un engagement, soit pour contraindre un travailleur à participer à une cessation collective du travail soit à empêcher le travail ou la reprise du travail ; l'incitation d'un travailleur à refuser l'exécution des obligations qui lui sont imposées par les textes légaux et réglementaires ou l'empêcher de remplir ses obligations ;

---

[132] WILONDJA KATAMBU, A ; et WANI MAKELELE, A., *La servitude pénale en RDC. Maintien ou abolition*, Editions universitaires européennes, Sarrebruck, 2022, p. 155.

[133] Article 319 du Code du travail congolais. RDC RDC, Loi n° 015/2002 du 16 octobre 2002 portant Code du travail…*Op. cit.*, p. 77.

la destruction volontairement du contrat écrit pour rendre illisibles ses inscriptions, les altérer ou les modifier frauduleusement ; l'usage d'un contrat écrit ou d'un décompte dans lequel les inscriptions sont détériorées ou modifiées frauduleusement ; l'enfreint de la réglementation sur la protection de la main-d'œuvre nationale sont punis d'une peine de servitude pénale ou et d'une amende[134]. En plus, l'atteinte soit à la libre désignation des représentants des travailleurs dans les entreprises soit à l'exercice régulier de leurs fonctions et l'usage pour l'intérêt personnel des sommes ou titres remis en cautionnement sont punis par les mêmes peines.

Les tribunaux du travail sont appelés également à protéger la propriété industrielle[135] en punissant d'une peine de servitude pénale et/ou d'une amende celui qui est responsable d'une frauduleuse divulgation et/ou communication à un concurrent ou à un tiers des secrets de fabrication ou d'affaires de son employeur ou se livrera ou coopérera à tout acte de concurrence déloyale[136]. Cependant, lorsqu'il s'agit des services publics où est appliqué le statut du personnel de carrière des services publics de l'Etat, l'inspecteur ou le contrôleur du travail qui révèle les secrets ou qui viole les obligations de réserve, est puni des peines prévues au Code pénal congolais[137]. C'est dans ce contexte que les dépositaires par état des secrets qu'on leur confie et qui les aura révélés, seront punis d'une servitude pénale et d'une

---

[134] Articles 323 et 324 du Code du travail congolais. RDC, Loi n° 015/2002 du 16 octobre 2002 portant Code du travail… *Op. cit.*, p. 78.

[135] RDC, la loi n° 82-001 du 7 janvier 1982 régissant la propriété industrielle, Kinshasa, 1982

[136] Article 325 du même Code du travail congolais. RDC, RDC, Loi n° 015/2002 du 16 octobre 2002 … *Op. cit.*, p. 78.

[137] Article 73 du Code pénal congolais. RDC, Loi n° 15/022 du 31 décembre 2015 modifiant et complétant le Décret du 30 janvier 1940 portant Code pénal, Kinshasa, 2015.

amende, en dehors des cas où ils sont appelés à rendre témoignage en justice et ceux où la loi les oblige à faire connaître ces secrets.

CONCLUSION

Les dispositions constitutionnelles précisent que le travail est un droit et un devoir pour chaque congolais[138] et constitue une obligation morale pour tout le monde qui n'en est pas empêché par son âge et/ou l'incapacité attestée par un médecin. Le travail permet d'obtenir un salaire. Celui-ci est considéré comme la contrepartie du service rendu par un travailleur à un employeur. De ce fait, le salaire garde un caractère alimentaire et ne peut être privé à son ayant droit. C'est dans ce contexte que le contrat de travail devient une garantie écrite ou verbale au regard de l'apport du travail dans le bien-être du travailleur et dans la construction de la société.

Cependant, de l'accomplissement de ce droit naissent des différends professionnels entre l'employé et son employeur dans le cas du litige individuel du travail et/ou entre les employés et l'employeur et un groupe d'employeurs engendrant les conflits collectifs du travail. Ces différends conduisent à la mise en application des normes légales et réglementaires qui donnent lieu au règlement devant l'inspection du travail, la Commission de médiation ou le tribunal du travail. Ainsi, pour éviter d'envenimer le climat social et professionnel au sein des entreprises et prévenir les différents conflits, le dialogue social est souvent préconisé.

Installé d'une manière permanente et prioritaire, ce dialogue social facilite les échanges entre les partenaires sociaux et permet une meilleure cohésion socio-professionnelle en plaçant les travailleurs au cœur des actions sociales. Dans une approche essentiellement

---

[138] Articles 2 alinéa 2, 3 de la Constitution congolaise. RDC, « La Constitution de la République Démocratique du Congo », *Journal Officiel de la République Démocratique du Congo*, numéro spécial, le 18 février 2006.

qualitative, le dialogue social privilégie la négociation et aboutit souvent à l'attente et au consensus afin d'instaurer une paix sociale durable au sein de l'entreprise. Le but poursuivi est de maintenir une confiance concertée pour améliorer les conditions de vie et de travail des ouvriers en favorisant la communication et les échanges entre les acteurs.

Malgré ces précautions, les malaises sociaux et les manifestations des divergences professionnelles persistent dont les deux types reconnus par la législation du travail congolaise sont les litiges individuels du travail et les conflits collectifs du travail. Autrement dit, le Code du travail congolais reconnait les différends nés de l'application du contrat de travail entre un employé et son employeur, d'une part, et entre un groupe de travailleurs et leur employeur, d'autre part.

La procédure du règlement de ces différends commence toujours au niveau de l'inspecteur du travail. Ainsi, à l'inspection du travail, plusieurs dossiers qui y sont traités concernent des litiges individuels du travail dont la saisine de l'inspecteur du travail et la procédure de règlement sont déclenchées par l'employé. Celui-ci se sent victime des décisions unilatérales prises par l'employeur en violation des dispositions légales, conventionnelles et contractuelles. La mise en place des pratiques locales pour tenter de régler à l'amiable les différents litiges individuels du travail au sein de l'entreprise décrétées par l'employeur est vue comme un moyen d'étouffer de l'intérieur les ambitions de l'employé de bénéficier de ses droits. Par conséquent, elles constituent le premier générateur de litige individuel du travail au sein des entreprises en général, et plus particulièrement des entreprises privées. Même devant l'inspecteur du travail, l'employé constate que le patron ne se présente pas ou use d'excès de pouvoir en violant volontairement la procédure légale du règlement des litiges individuels du travail.

Cette situation fait que les diverses étapes de la procédure de conciliation des litiges individuels du travail au niveau de l'inspecteur du travail ne suivent pas le cheminement normal jusqu'au règlement définitif. Il arrive qu'elles soient aussi bloquées au niveau des attentes individuelles ou des propositions des solutions émises par les protagonistes. Ainsi, la procédure du règlement des litiges individuels du travail débouche à la rédaction d'un procès-verbal de non conciliation ou de carence amenant les Parties à finir souvent leur conflit devant les tribunaux du travail.

De son côté, les conflits collectifs du travail conduisent à un malaise qui affecte les relations socio-professionnelles et le fonctionnement de l'entreprise. Se manifestant de plusieurs manières, les conflits collectifs du travail se matérialisent soit par les grèves à l'initiative des travailleurs ou par le lock-out décidé par les employeurs. Par conséquent, les conflits collectifs du travail aggravent la détérioration du climat social et contribuent à l'arrêt de la franche collaboration entre les partenaires sociaux.

Le processus de résolution des conflits collectifs du travail commence à l'inspection du travail à travers la procédure de conciliation. Il se termine par la rédaction d'un procès-verbal de conciliation ou de non conciliation. Dans cette dernière situation, les conflits collectifs du travail seront soumis à la Commission de médiation qui les analyse sur base d'interprétation et/ou d'exécution des textes légaux pour aboutir à un accord, d'une part, et qui formule les recommandations motivées en cas de non conciliation, d'autre part. La médiation des conflits collectifs du travail est une étape qui précède non seulement le déclenchement de la grève mais aussi la saisine des tribunaux du travail.

Ceux-ci sont appelés à connaître des litiges individuels du travail dont les Parties ne se sont pas conciliées devant l'inspecteur du travail qui a établi un procès-verbal de non conciliation, d'une part, et des conflits collectifs du travail persistant après la procédure de conciliation devant l'inspecteur du travail et la médiation des conflits collectifs du travail devant la Commission de médiation, d'autre part. Siégeant à trois membres dont le Président magistrat de carrière et deux Juges-assesseurs représentant les employeurs et les travailleurs, les tribunaux du travail connaissent des différends du travail ont la résolution commence par la procédure de conciliation devant l'inspecteur du travail à l'initiation de la Partie lésée au travers d'une requête écrite ou verbale accompagnée d'un procès-verbal de non conciliation, de conciliation partielle ou des recommandations frappées d'opposition. Après les audiences, le verdict des tribunaux du travail – la fermeture provisoire de l'entreprise, la fixation des taxes et redevances, la servitude pénale et les amendes… – pris à la majorité des voix doit être rendu dans les quinze jours à partir de la prise des conflits en délibéré.

POSTFACE

Par

Professeur Ordinaire Muluma Munanga Albert G.T

Doyen Honoraire FSSAP

L'un des leviers de gestion des ressources humaines dans une organisation sociale est, sans doute, le dialogue.

Pourquoi le dialogue ?

Il est un élément favorisant le climat social. Le dialogue avec les autres permet de surmonter les ressentiments, les malentendus, les divergences.

Il n'y a pas de solution à l'amiable possible sans le dialogue, sans la compréhension mutuelle. Mais, cet échange est rendu difficile de fait même de la méfiance qui sépare les uns aux autres, de l'hostilité qui les oppose à cause des intérêts divergents. Ces derniers provoquent des oppositions, des conflits, parfois acerbes.

Il est évident qu'en tant que des êtres libres, chacun de nous a une personnalité, des opinions, des goûts, des droits, des devoirs… et qu'il y ait des tensions entre les partenaires dans leurs relations, même les plus positives.

C'est cet exercice scientifique que le collègue Professeur Zacharie Baenda Fimbo nous a produit dans cet ouvrage portant sur « Résolution des différends individuels et conflits collectifs du travail en droits social congolais »

Les conflits naissent au sein des organisations. Chaque partenaire social défend ses idées, ses positions, ses intérêts… Mais, les tensions qui sont normales dans notre vie sociale sont malaisées à maitriser ainsi qu'il démontre. Il faudra un arbitre neutre pour pouvoir s'interposer comme médiateur.

Selon l'auteur, les tensions dérapent vite vers la suspicion, la menace, les rapports de force, l'affrontement. Donc, il y a violence. Celle-ci n'est pas forcément physique ou verbale ; elle peut être plus insidieuse, psychologique ; se sentir méprisé, incompris dans cette dérive conflictuelle et les relations au travail sont empoisonnées.

L'ouvrage du Professeur Baenda nous montre les mécanismes de résolution de ces conflits lorsqu'ils sont nés au sein des organisations socio-professionnelles en droit social congolais. En effet, la résolution des différends individuels et des conflits collectifs du travail est prévue dans les dispositions légales et réglementaires en République Démocratique du Congo qu'il a eu à insérer aux annexes du présent ouvrage.

Lorsque survient un litige individuel ou un conflit collectif au travail, la médiation constitue un magnifique outil d'intelligence qui favorise les relations humaines, souligne-t-il.

D'après l'auteur, l'apparition d'un conflit du travail impose une réflexion sur les causes internes et externes qui sont à l'origine. Je trouve cette analyse primordiale pour préparer efficacement et de manière structurée les négociations. Cependant, une interrogation demeure : celle de leur durée. Il est ici important de noter qu'un conflit qui s'enlise augmente le traumatisme subi par les travailleurs et rend parfois plus difficile la découverte d'une issue.

Pour l'auteur, l'apparition d'un conflit au travail nécessite alors une gestion appropriée qui doit passer par :

- La mise en place d'un dialogue de qualité conduisant au respect des interlocuteurs et au soin porté à la qualité des échanges ainsi qu'aux informations fournies ;

- La possibilité d'exprimer, sans contrainte, les mécontentements afin d'éviter tout conflit larvé, source de nouveaux blocages ;
- Un investissement sérieux de la part de chaque partie prenante.

Ce sont autant de précautions indispensables au maintien du dialogue et des changes pour la résolution des conflits.

Ainsi, pour une solution dans un conflit du travail, l'auteur pense que la négociation doit se dérouler dans le cadre de partenariat égalitaire fondé sur la confiance mutuelle, le respect de la réciprocité, l'égalité tandis que le partenariat inégalitaire est fondé sur le déséquilibre des acteurs, la méfiance, le rejet… de l'autre.

L'ouvrage du Professeur Zacharie Baenda Fimbo aborde les questions effectives allant dans le sens de sociologie des relations sociales. Ces questions soulèvent trois facteurs majeurs, à savoir l'évolution des rapports de force en défaveur des organisations syndicales, la diffusion croissante de nouvelles formes d''organisation du travail qui supposent flexibilité et participation croissante des travailleurs et, enfin, la décentralisation des structures de production et la diversification des intérêts et des préférences des travailleurs.

D'autres questions importantes peuvent être abordées : Quels sont les modes dominants de confrontation et de négociations entre acteurs des relations professionnelles. Quels sont les changements majeurs pouvant conduire aujourd'hui ces mêmes acteurs à redéfinir leurs alliances, leurs stratégies et leurs champs d'interventions ?

L'ouvrage s'adresse au public cible : chercheurs en matière de sociologie industrielle et du travail, en droit, aux inspecteurs et contrôleurs du travail, aux employeurs, aux travailleurs, au gouvernement, aux enseignants, aux juges-assesseurs, etc.

Je recommande vivement une lecture assidue pour la compréhension de la question liée à la résolution des litiges individuels et conflits collectifs du travail. Bonne lecture à tous.

Professeur Ordinaire Albert Muluma Munanga G.T.

Doyen Honoraire de la FSSAP/Université de Kinshasa

Fait à Kinshasa, le 17 mars 2023

Annexe 1

Extrait du Code du travail congolais

« Loi n° 015/2002 du 16 octobre 2002 portant Code du travail », *Journal Officiel de la République Démocratique du Congo*, Numéro spécial, 25 octobre 2002, pp. 71-79

Titre XIII : Des litiges individuels et des conflits collectifs du travail

Article 297 :
Les litiges individuels et les conflits collectifs du travail sont soumis aux procédures instituées au présent Titre.

Chapitre Premier : De la conciliation préalable des litiges individuels

Article 298 :
Les litiges individuels ne sont pas recevables devant le Tribunal du Travail s'ils n'ont été préalablement soumis à la procédure de conciliation, à l'initiative de l'une des parties, devant l'Inspecteur du Travail du ressort.
Article 299 :
Cette procédure est interruptive des délais de prescription prévus à l'article 317 du présent Code, dès la réception de la demande de conciliation à l'Inspection du Travail, sous réserve toutefois que la demande devant le Tribunal du Travail, en cas de non-conciliation, soit formée dans le délai maximum de douze mois à compter de la réception du procès-verbal de non-conciliation par la partie la plus diligente.
Article 300 :
Lorsque l'Inspecteur du Travail est saisi d'un litige individuel du travail, il adresse, avec accusé de réception

ou par pli recommandé, une invitation à comparaître en séance de conciliation dans la quinzaine. En aucun cas, l'invitation ne peut obliger l'une des parties à se présenter dans moins de trois jours. L'Inspecteur du Travail procède à un échange de vues sur l'objet du litige et vérifie si les parties sont disposées à se concilier sur la base des normes fixées par la législation, la réglementation, les conventions collectives ou le contrat individuel de travail. Les parties peuvent se faire assister ou représenter. A la fin de ces échanges de vues, l'Inspecteur du Travail établit un procès-verbal constatant la conciliation ou la non-conciliation. Ce procès-verbal est signé par l'Inspecteur du Travail et les parties. Celles-ci en reçoivent ampliation. Si à la troisième invitation dûment reçue, une partie ne comparaît pas ou ne se fait pas représenter, l'Inspecteur du Travail établit un procès-verbal de carence valant constat de non-conciliation.

Article 301 :

En cas de conciliation, la partie la plus diligente fait apposer la formule exécutoire sur le procès-verbal auprès du Président du Tribunal de Travail compétent. Le Président du Tribunal de Travail compétent est celui dans le ressort duquel le procès-verbal de conciliation est signé. L'exécution est poursuivie comme un jugement du Tribunal de Travail.

Article 302 :

En cas d'échec total ou partiel de la tentative de conciliation prévue à l'article 300, le litige peut être soumis au Tribunal de Travail.

Chapitre II : De la conciliation préalable et de la médiation des conflits collectifs de travail

Section 1 : La conciliation préalable des conflits collectifs de travail

Article 303 :

Est réputé conflit collectif du travail, tout conflit survenu entre un ou plusieurs employeurs d'une part, et un certain nombre de membres de leur personnel d'autre part, portant sur les conditions de travail, lorsqu'il est de nature à compromettre la bonne marche de l'entreprise ou la paix sociale.

Article 304 :

Les conflits collectifs de travail ne sont recevables devant les Tribunaux de Travail que s'ils ont été préalablement soumis à la procédure de conciliation et de médiation, selon le cas, à l'initiative respectivement de l'une des parties devant l'inspecteur du Travail ou du Ministre ayant le Travail et la Prévoyance Sociale dans ses attributions ou du Gouverneur de province devant la commission de médiation.

Article 305 :

En cas de non conciliation, de conciliation partielle ou de recommandation frappées d'opposition, la demande est formée devant le Tribunal de Travail par l'une des parties dans le délai de 10 jours ouvrables à compter de l'expiration de préavis de grève ou de lock-out notifié à l'autre partie.

Article 306 :

A défaut de procédure conventionnelle de règlement, la procédure légale de conciliation et de médiation des conflits est fixée conformément aux articles 307 à 315 du présent Code.

Article 307 :

Le conflit collectif du travail est notifié par la partie la plus diligente à l'Inspecteur du Travail du ressort. Toutefois, l'Inspecteur du Travail peut entamer la procédure de conciliation lorsqu'il a connaissance d'un conflit collectif qui ne lui a pas été notifié. Dans les trois jours ouvrables de la notification, l'Inspecteur du Travail adresse, par porteur avec accusé de réception ou par pli recommandé, aux parties une invitation à comparaître en séance de conciliation dans la quinzaine, avec un préavis de 3 jours ouvrables minimum comptés à partir de la date de réception. Dans les deux jours ouvrables de la réception de cette invitation les parties font, au préalable connaître à l'Inspecteur du Travail, par écrit, les noms des représentants qui ont qualité pour concilier. Ceux-ci peuvent s'adjoindre un délégué de leurs organisations professionnelles, dûment mandaté. Si une des parties ne comparaît pas, ne se fait pas représenter, ou si les représentants ne comparaissent pas, l'Inspecteur du Travail dresse le procès-verbal au vu duquel la juridiction compétente prononce la peine d'amende prévue à l'article 322 du présent Code. En outre, l'Inspecteur du Travail établit un procès-verbal de carence valant constat de non-conciliation.

Article 308 :

L'Inspecteur du Travail procède avec les parties ou leurs représentants et sous sa présidence, à tout échange de vues sur l'objet du conflit. A l'issue de la tentative de conciliation, l'Inspecteur du Travail établit un procès-verbal constatant soit l'accord, soit le désaccord total ou partiel des parties ; celles-ci contresignent le procès-verbal et en reçoivent ampliation. L'accord de conciliation ou le désaccord doit être constaté dans le mois à dater de la première séance de conciliation. L'accord de conciliation est exécutoire dans les conditions fixées à l'article 314 du présent Code.

Section 2 : De la médiation des conflits collectifs de travail

Article 309 :

En cas de non-conciliation totale ou partielle, le conflit est obligatoirement soumis à la procédure légale de médiation, telle que définie aux articles 310 à 315 du présent Code. Lorsque le conflit affecte un ou plusieurs établissements situés dans une seule province, l'Inspecteur du Travail du ressort transmet le dossier au Gouverneur de province dans les quarante-huit heures de l'échec de la tentative de conciliation. Lorsque le conflit affecte plusieurs établissements d'une même entreprise ou plusieurs entreprises situées dans plusieurs provinces, l'Inspecteur du Travail du ressort transmet le dossier dans le même délai, au Ministre ayant le Travail et la Prévoyance Sociale dans ses attributions.

Article 310 :

Les conflits collectifs non réglés en conciliation par l'Inspecteur du Travail sont soumis à une Commission de médiation instituée spécialement à cet effet. La Commission se compose du Président du Tribunal de Paix dans le ressort duquel est né le conflit ou d'un magistrat désigné par ses soins, d'un assesseur employeur et d'un assesseur travailleur. Elle est présidée par le Président du Tribunal de Paix ou le magistrat désigné par ses soins. Les assesseurs sont désignés sur propositions des organisations professionnelles les plus représentatives par :

- le Gouverneur de province dans le cas visé au deuxième alinéa de l'article 309 ci-dessus ;

- le Ministre ayant le Travail et la Prévoyance Sociale dans ses attributions dans le cas visé au troisième alinéa du même article. Les assesseurs doivent être étrangers à l'établissement ou aux établissements affectés par le conflit. La désignation des assesseurs et la transmission du dossier du conflit au Président de la Commission de médiation interviennent dans les quatre jours ouvrables de la réception par l'autorité compétente du procès-verbal de non conciliation.

Article 311 :

La Commission de médiation se réunit dans les trois jours ouvrables de la saisine. Elle ne peut se prononcer sur d'autres objets que ceux déterminés par le procès-verbal de non-conciliation ou ceux qui, résultant d'événements postérieurs à ce procès-verbal, sont la conséquence directe du conflit en cours. La Commission se prononce en droit dans les conflits relatifs à l'interprétation et à l'exécution des actes législatifs ou réglementaires ou d'une convention collective. Elle se prononce en équité sur tous les autres conflits. Elle jouit de plus larges pouvoirs pour s'informer de la situation économique des entreprises ou des établissements et de la situation des travailleurs intéressés par ce conflit. Elle peut procéder à toute enquête auprès des entreprises ou établissements et des organisations professionnelles et requérir des parties, la production de tous les documents ou renseignements d'ordre économique, comptable, statistique, financier ou administratif susceptibles de lui être utiles pour l'accomplissement de sa mission. Elle peut également recourir aux offices d'experts. Les membres de la Commission sont tenus au secret professionnel en ce qui concerne les informations et les documents qui sont communiqués ainsi que les faits qui viendraient à leur connaissance dans l'accomplissement de leur mission. Toutes les séances de la Commission se tiennent à huis-clos. La Commission est tenue de terminer son instruction dans les 10 jours ouvrables à dater de la première séance. Lorsque pendant le délibéré, il y a parité de voix, celle du Président est prépondérante. La décision rendue par écrit et signée par le Président et par les membres doit intervenir dans les 5 jours ouvrables à partir de la prise de la cause en délibéré. A défaut de quoi, une Commission autrement composée sera désignée conformément aux dispositions de l'article 310 pour rendre impérativement sa décision endéans les 10 jours ouvrables à dater de son assignation.

Article 312 :

En cas d'accord, un procès-verbal est dressé par le Président de la Commission. Il est signé par les membres de la Commission et par les parties ou leurs représentants. Copie certifiée conforme du procès-verbal est délivrée gratuitement à l'Inspecteur du Travail, aux parties ou à leurs représentants.

Article 313 :

En cas de non-conciliation, la Commission formule des recommandations motivées qui sont immédiatement notifiées aux parties. Copie conforme des recommandations est délivrée gratuitement à l'Inspecteur du Travail et aux parties ou à leurs représentants. A l'expiration d'un délai de sept jours francs à compter de la notification aux parties et si aucune des parties n'a manifesté d'opposition, les recommandations acquièrent force exécutoire dans les conditions fixées à l'article 314 ci-après. L'opposition est formée, à peine de nullité, par lettre adressée au Président de la Commission et à l'autre partie. La partie qui forme opposition adresse, en même temps, un exemplaire de ladite lettre à l'Inspecteur du Travail du ressort.

Article 314 :

L'exécution d'un accord de conciliation intervenu soit devant l'Inspecteur du Travail, soit devant la Commission de médiation et celle des recommandations non frappées d'opposition sont obligatoires pour les parties intéressées. Dans leur silence sur ce point, l'accord de conciliation et les recommandations portent effet à partir du jour de la notification du conflit du travail à l'Inspection du Travail. Les accords de conciliation et les recommandations non frappées d'opposition sont affichés dans les locaux des établissements affectés par le conflit et dans le bureau de l'Inspecteur du Travail du ressort. Les minutes des accords et recommandations sont déposées au greffe du Tribunal du Travail du lieu du conflit. La procédure de conciliation et de médiation est gratuite.

Article 315 :

La cessation collective du travail ou la participation à cette cessation collective du travail ne peut avoir lieu qu'à l'occasion d'un conflit collectif du travail et une fois que les moyens de règlement du conflit, conventionnels ou légaux ci-dessus, ont été régulièrement épuisés. Sont interdits tous actes et toutes menaces tendant à contraindre un travailleur à participer à une cessation collective du travail ou à empêcher le travail ou la reprise du travail. Lorsqu'une cessation collective de travail est déclenchée à l'issue d'une procédure conventionnelle ou de la procédure légale de règlement, sont interdites toutes menaces, toutes représailles et mesures vexatoires à l'égard de travailleurs qui se proposent d'y participer ou qui y ont pris part. Un arrêté du Ministre ayant le Travail et la Prévoyance Sociale dans ses attributions, pris après avis du Conseil National du Travail, fixe les modalités d'exécution du présent article.

Chapitre III : Des tribunaux du travail

Article 316 :

Une loi crée les Tribunaux du Travail et fixe leur organisation et leur fonctionnement.

Chapitre IV : Des prescriptions

Article 317 :

Les actions naissant du contrat de travail se prescrivent par trois ans après le fait qui a donné naissance à l'action, à l'exception :

1) des actions en paiement du salaire qui se prescrivent par un an à compter de la date à laquelle le salaire est dû,

2) des actions en paiement des frais de voyage et de transport qui se prescrivent par deux ans après l'ouverture du droit au voyage, en cours d'exécution du contrat, ou après la rupture de ce dernier.

La prescription n'est interrompue que par :

a) la citation en justice ;

b) l'arrêté de compte intervenu entre les parties mentionnant le solde dû au travailleur et demeuré impayé ;

c) la réclamation formulée par le travailleur auprès de l'employeur, par lettre recommandée avec avis de réception ;

d) la réclamation formulée par le travailleur devant l'Inspecteur du Travail, sous réserve des dispositions de l'article 299 du présent Code.

Titre XIV : Des sanctions administratives

Article 318 :

Lorsqu'à l'expiration du délai de mise en demeure, l'employeur ou son préposé, persiste dans la violation des dispositions relatives aux articles 6 literas (a) et (e), 87, 119, 120, 121, 125, 126, 128, 133, 171, 177, 255, et leurs textes d'application ou d'exécution, s'il échet, le Ministre ayant le Travail et la Prévoyance Sociale dans ses attributions ou son délégué, sur proposition de l'Inspecteur du Travail, peut, sans préjudice des dispositions pénales prévues, ordonner la fermeture provisoire de tout ou partie de l'entreprise. Pendant la fermeture, jusqu'au moment où il est mis fin aux irrégularités constatées, les salaires et autres avantages sociaux sont dus et il ne peut être mis fin au contrat en cours.

Article 319 :

Sans préjudice des dispositions de l'article 211 du présent code, le Président de la République peut, sur proposition du Ministre ayant le Travail et la Prévoyance Sociale dans ses attributions et après avis du Conseil National du Travail, fixer les taxes et redevances relevant des activités dévolues au ministère du Travail et de la Prévoyance Sociale.

Titre XV : Des pénalités

Article 320 :

Sans préjudice de l'action prévue à l'article 295, les auteurs des infractions aux dispositions d'une convention collective étendue en vertu de l'article 287 seront passibles d'une amende ne dépassant pas 7.500 F. C. constants.

Article 321 :

Sont punis d'une amende qui ne dépasse pas 20.000 F. C. constants, les auteurs des infractions aux dispositions :

a) des articles 6 literas a), b), c) et d), 8, 18, 19, 20, 21, 25, 26, 33 alinéa 2, 44, 47, 51, 55 alinéa 3, 56, 60, 64, 65, 66, 78, 79, 84, 89, 90, 98, 99, 100, 101, 103, 111, 112, 114, 116, 117, 118, 119, 121, 122, 125, 126, 129, 133, 136, 137 alinéa 2, 138, 140, 141, 142, 143, 144, 145, 146, 148 alinéa 1, 152, 154, 157, 167, 176, 178, 181, 212, 213, 215, 216, 217, 218, 221, 229, 234, 258, 265, 268, 269 ;

b) des décrets prévus aux articles 87 et 123,

c) des arrêtés pris en application des articles 35, 38, 47, 56, 58, 94, 103, 112, 120, 121, 123, 124, 128, 139, 156, 158, 169, 171, 177, 207, 219, 222, 236 et 255. Est passible de la même peine, toute personne invitée ou chargée de la représentation des parties à un litige individuel ou à un conflit collectif devant l'Inspecteur ou le Contrôleur du Travail qui ne se sera pas rendue à la troisième invitation qui lui aura été remise moyennant accusé de réception. Dans ce cas, l'article 322 du présent Code n'est pas d'application.

Article 322 :

Sans préjudice des dispositions des articles 133 à 135 du Code Pénal, est passible d'une peine de servitude pénale de 30 jours au maximum et d'une amende qui n'excède pas 30.000 F. C. constants ou de l'une de ces peines seulement, quiconque fait ou tente de faire obstacle à l'exercice des fonctions reconnues par le présent Code aux Inspecteurs et Contrôleurs du Travail et à la Commission de Médiation.

Article 323 :

Sans préjudice des dispositions du Code pénal, est puni d'une peine de servitude pénale d'un mois et d'une amende qui n'excède pas 25.000 F.C. constants ou de l'une de ces peines seulement quiconque :

a) use de violence, de menace ou de toute autre contrainte, de promesses mensongères ou de manœuvres frauduleuses soit pour engager ou se faire engager, pour s'opposer à un engagement, soit pour contraindre un travailleur à participer à une cessation collective du travail soit à empêcher le travail ou la reprise du travail ;

b) incite un travailleur à refuser l'exécution des obligations qui lui sont imposées par la législation, la réglementation, la convention collective, le contrat individuel ou l'empêche de remplir ses obligations ;

c) détruit ou lacère volontairement le contrat écrit, rend illisibles les inscriptions qui y sont portées, les altère ou les modifie frauduleusement ;

d) fait usage d'un contrat écrit ou d'un décompte dans lequel les inscriptions ont été détériorées ou modifiées frauduleusement ;

e) enfreint la réglementation sur la protection de la main-d'œuvre nationale.

Article 324 :

Est puni d'une peine de servitude pénale de deux mois au maximum et d'une amende de 25.000 FC constants ou de l'une de ces peines seulement :

a) quiconque aura porté ou tenté de porter atteinte soit à la libre désignation des représentants des travailleurs dans les établissements soit à l'exercice régulier de leurs fonctions,

b) tout employeur qui aura retenu ou utilisé dans son intérêt personnel ou pour les besoins de son entreprise les sommes ou titres remis en cautionnement.

Article 325 :

Sans préjudice des dispositions de la loi n° 82-001 du 7 janvier 1982 régissant la propriété industrielle, est puni d'une peine de servitude pénale de trois mois au maximum et d'une amende de 30.000 F. C. constants ou de l'une de ces peines seulement, celui qui aura frauduleusement divulgué ou communiqué à un concurrent ou à un tiers des secrets de fabrication ou d'affaires de son employeur, ou se livrera ou coopérera à tout acte de concurrence déloyale.

Article 326 :

Sans préjudice des lois pénales prévoyant des peines plus sévères, sera puni d'une peine de servitude pénale principale de six mois au maximum et d'une amende de 30.000 F. C. constants ou de l'une de ces peines seulement, quiconque aura contrevenu aux dispositions des articles 2 alinéa 2, 3, 173 et 315 du présent Code.

Article 327 :

Sans préjudice des peines disciplinaires prévues au statut du personnel de carrière des services publics de l'Etat, l'Inspecteur ou le Contrôleur du Travail qui révélera les secrets et procédés indiqués à l'article 194 ou violera les obligations de réserve prescrites à l'article 198 sera puni des peines prévues à l'article 73 du Code pénal..

Article 328 :

En ce qui concerne :

a) les infractions aux dispositions de l'article 215, l'amende est appliquée autant de fois qu'il y a de travailleurs non-inscrits ou de renseignements omis,

b) les infractions aux dispositions des articles 55 alinéa 3, 56, 79, 86, 89, 98, 99, 112, 113, 120, 121, 125, 126, 128, 133, 137 alinéa 2, 140, 141, 234, l'amende est appliquée autant de fois qu'il y a des travailleurs concernés par l'infraction.

c) Toutefois, le montant total des amendes infligées en vertu du présent article ne peut excéder cinquante fois les taux maxima prévus aux articles ci-dessus.

Article 329 :

Les employeurs sont civilement responsables du paiement des amendes prononcées à charge de leurs préposés en vertu du présent Titre.

ANNEXE 2

Les tribunaux du travail

« Loi n° 016 -2002 du 16 octobre 2002 portant création, organisation et fonctionnement des tribunaux du travail »

Chapitre I : De la création et de l'organisation des tribunaux du travail

Article 1er :
Il est créé dans le ressort de chaque Tribunal de Grande Instance un Tribunal du Travail ayant rang de la juridiction précitée.

Article 2 :
Le ressort du Tribunal du Travail couvre celui du Tribunal de Grande Instance dans lequel il a son siège.

Article 3 :
Le Tribunal du Travail est composé d'un Président, des Juges et des Juges-assesseurs.

Le Président et les juges sont désignés par le Ministre ayant la Justice dans ses attributions parmi les juges du Tribunal de Grande Instance.

Les Juges-assesseurs sont désignés pour un mandat de deux ans par le Ministre ayant le Travail et la Prévoyance Sociale dans ses attributions sur base des listes proposées par les Organisations professionnelles des Employeurs et des Travailleurs.

Article 4 :
Un arrêté du Ministre ayant le Travail et la Prévoyance Sociale dans ses attributions détermine les modalités de désignation des candidats aux fonctions du Juge-assesseur.

Article 5 :
Avant d'entrer en fonction le Juge-assesseur prête devant le Président de la juridiction dont il relève le serment

suivant : « Devant Dieu et la Nation, je jure de remplir mes fonctions avec loyauté et intégrité et de garder le secret de délibérés ».

Article 6 :

Le mandat du Juge-assesseur donne droit au jeton de présence dont le montant est fixé par le Ministre ayant le Travail et la Prévoyance Sociale dans ses attributions sur proposition de l'organisation professionnelle de l'intéressé qui en a la charge.

Le magistrat du Tribunal du Travail bénéficie d'une prime déterminée par le Ministre ayant dans ses attributions la Justice à charge du Trésor public.

Article 7 :

Les fonctions de Juge assesseur cessent par :

1) l'expiration du mandat ;
2) la démission ;
3) la déchéance ;
4) l'empêchement ;
5) les incompatibilités ;
6) le décès.

Article 8 :

Pour des raisons de service et sur proposition du Président du Tribunal du Travail et après avis de l'organisation de l'intéressé, le Ministre ayant le Travail et la Prévoyance Sociale dans ses attributions peut, à l'expiration du mandat du Juge-assesseur, le reconduire pour une nouvelle période de 2 ans non renouvelables.

En cas de démission ou de décès d'un Juge-assesseur, le Président du Tribunal du Travail dresse un rapport qu'il transmet au Ministre ayant le Travail et la Prévoyance Sociale dans ses attributions pour pourvoir à son remplacement.

Il y a déchéance lorsque le Juge-assesseur subit une condamnation définitive à une peine privative de liberté égale ou supérieure à 3 mois ou lorsqu'il commet des actes de nature à porter atteinte aux devoirs de son état, à l'honneur ou à la dignité de ses fonctions.

Il y a empêchement lorsque le Juge-assesseur obtient pendant une période de 3 mois consécutifs des congés de maladie et qu'à l'expiration de son dernier congé, il demeure toujours dans l'incapacité d'exercer ses fonctions ou lorsqu'il est dans l'impossibilité de rejoindre son poste, dans ce cas, la durée de la disponibilité ne peut excéder 2 mois.

Sont incompatibles avec l'exercice de la fonction de Juge-assesseur :

- toute activité politique ;
- toute activité professionnelle, tout mandat ou service qui sont contraires à l'intégrité ou à l'indépendance exigée de son auteur.

La déchéance ou l'empêchement ou encore l'incompatibilité est constatée par le Président du Tribunal du Travail. Le procès -verbal de constat est établi en trois exemplaires dont deux sont immédiatement transmis au Ministre ayant le Travail et la Prévoyance Sociale dans ses attributions pour décision et le troisième est conservé au Tribunal du Travail.

Article 9 :

Le Tribunal du Travail siège au nombre de trois membres, à savoir : un Président magistrat de carrière et deux Juges-assesseurs dont l'un représente les employeurs et l'autre les travailleurs suivant un roulement établi par le Chef de la juridiction.

Article 10 :

En cas d'absence ou d'empêchement, le Président est remplacé par le juge venant en ordre utile dans l'acte de désignation du Ministre ayant la Justice dans ses attributions.

Article 11 :

Il y a dans chaque Tribunal du Travail un greffier et un huissier assistés d'un ou de plusieurs adjoints tous désignés par le Ministre ayant la Justice dans ses attributions.

Article 12 :

Le Tribunal du Travail siège avec l'assistance d'un greffier et le concours d'un officier du ministère public.

Article 13 :

Le Procureur de la République près le Tribunal de Grande Instance dans le ressort duquel se trouve le Tribunal du Travail exerce les fonctions du ministère public près cette dernière juridiction.

Article 14 :

Les dispositions communes aux Cours et Tribunaux édictées aux articles 58 à 83 du code de l'Organisation et de la Compétence Judiciaires, portant sur le greffe et l'huissariat, le service d'ordre intérieur et l'itinérance, les délibérés, la récusation, le déport et le renvoi d'une juridiction à une autre pour cause de sûreté publique ou de suspicion légitime sont mutatis mutandis, applicables aux Tribunaux du Travail.

Toutefois, les dispositions relatives à la récusation et au déport prévues aux articles 71 à 79 du code de l'Organisation et de la Compétence Judiciaires ne sont pas applicables aux Juges-assesseurs.

Chapitre II : De la compétence des tribunaux du travail

Article 15 :

Les Tribunaux du Travail connaissent des litiges individuels survenus entre le travailleur et son employeur dans ou à l'occasion du contrat de travail, des conventions collectives ou de la législation et de la réglementation du travail et de la prévoyance sociale.

Article 16 :

Les Tribunaux du Travail connaissent aussi des conflits collectifs de travail, à savoir, les conflits survenus entre un ou plusieurs employeurs d'une part et un certain nombre de membres de leur personnel d'autre part, au sujet des conditions de travail lorsqu'ils sont de nature à compromettre la bonne marche de l'Entreprise ou la paix sociale.

Article 17 :

Le Tribunal du lieu du travail est le seul compétent sauf dérogation intervenue à la suite d'accords internationaux.

Néanmoins, lorsque par force majeure ou par le fait de l'employeur, le travailleur se retrouve au lieu d'engagement ou au siège de l'entreprise, le Tribunal du Travail de ce lieu devient compétent.

Article 18 :

Lorsqu'un conflit collectif de travail affecte un ou plusieurs établissements situés dans plusieurs Districts d'une même province, le Tribunal du Travail compétent est celui du Chef-lieu de la province.

Lorsqu'un conflit collectif de travail affecte plusieurs établissements d'une même entreprise ou plusieurs entreprises situés dans plusieurs provinces, le Tribunal de Travail compétent est celui de Kinshasa/Gombe.

Article 19 :

En toute cause, les Juges-assesseurs doivent être étrangers à l'entreprise ou aux entreprises affectées par le litige individuel ou par le conflit collectif de travail.

Article 20 :

Les jugements rendus par les Tribunaux du Travail sont susceptibles d'opposition et d'appel dans les mêmes conditions qu'en matière civile.

L'opposition est faite devant la juridiction qui a rendu le jugement par défaut.

L'appel est relevé devant la Cour d'Appel.

Toutefois, en cas de force majeure dûment justifiée, l'appel peut être formé au greffe de la juridiction qui a rendu le jugement. Le Greffier en avise immédiatement le Greffier de la juridiction d'appel.

Article 21 :

Les Tribunaux du Travail connaissent de l'exécution de toutes les décisions rendues en matière du travail.

Article 22 :

Les contestations élevées sur l'exécution des jugements en matière du travail sont portées devant le Tribunal du Travail du lieu où l'exécution se poursuit.

Article 23 :

Les Tribunaux du Travail connaissent de l'interprétation et de rectification de toutes décisions rendues par eux.

Article 24 :

Les décisions des juridictions étrangères prises en matière du travail sont rendues exécutoires en République Démocratique du Congo par les Tribunaux du Travail si elles réunissent les conditions prévues à l'article 117 du code de l'organisation et de la compétence judiciaires.

Chapitre III : De la procédure devant les tribunaux du travail

Section 1 : De la procédure de règlement des litiges individuels de travail

Article 25 :

Les litiges individuels de travail ne sont recevables devant les Tribunaux du Travail que s'ils ont été préalablement soumis à la procédure de conciliation à l'initiative de l'une des parties devant l'Inspecteur du travail du ressort.

Article 26 :

Le Tribunal du Travail est saisi par une requête écrite ou verbale du demandeur ou de son conseil.

La requête écrite est déposée entre les mains du greffier qui en accuse réception ou adresse au greffier par lettre recommandée à la poste contre récépissé. Elle est datée et signée par son auteur.

La requête verbale est actée par le greffier et signée conjointement par ce dernier et le déclarant.

La requête écrite ou l'acte dressé sur requête verbale par le greffier doit contenir l'identité, la profession et le domicile des parties. Une ampliation du procès -verbal de non-conciliation ou de conciliation partielle dressé par l'Inspecteur du travail du ressort doit obligatoirement y être jointe.

La requête est inscrite à sa réception dans le registre des affaires du travail.

Section 2 : De la procédure de règlement des conflits collectifs de travail

Articles 27 :

Les conflits collectifs de travail ne sont recevables devant les Tribunaux du Travail que s'ils n'ont été préalablement soumis à la procédure de conciliation prévue aux articles 303 à 308 du Code du travail et à la procédure de médiation prévue aux articles 309 à 313 du même code.

Article 28 :

En cas de non-conciliation, de conciliation partielle ou de recommandations frappées d'opposition, le Tribunal du Travail est saisi par l'une des parties dans le délai de dix jours à dater de l'expiration de préavis de grève ou de lock-out notifié à l'autre partie.

Dépassé ce délai, l'Inspecteur du ressort saisit le tribunal.

La saisine du Tribunal du Travail suspend la grève ou le lock-out.

Article 29 :

La requête écrite est déposée entre les mains du greffier qui en donne accusé de réception ou adressée au greffier par lettre recommandée à la poste contre récépissé. Elle est datée et signée par son auteur.

Dépassé ce délai, une des parties ou son conseil saisit le tribunal.

La requête écrite doit contenir la dénomination et le siège social de l'entreprise ou des entreprises et des organisations professionnelles des employeurs et des travailleurs concernés. Une ampliation du procès-verbal de non- conciliation ou de conciliation partielle dressé par l'Inspecteur du ressort ou en cas de recommandations frappées d'opposition, doit obligatoirement y être jointe. La requête est inscrite à sa réception dans le registre des Affaires du Travail.

Section 3 : Des dispositions communes

Article 30 :

Dans les 8 jours ouvrables à dater de la réception de la requête, le Président de la juridiction fixe l'audience à laquelle l'affaire sera examinée et désigne les Juges-assesseurs qui seront appelés à siéger.

Les Juges-assesseurs doivent être choisis, si possible, parmi ceux qui appartiennent à la même branche d'activité économique concernée par le litige individuel ou le conflit collectif de travail.

Article 31 :

Le greffier convoque les parties, soit par lettre recommandée à la poste contre récépissé soit par lettre remise à la personne, ou à domicile ou, au siège social, selon le cas, par l'huissier de Justice avec accusé de réception signé par le destinataire ou une personne habitant avec lui. La convocation mentionne le lieu, la date et l'heure de l'audience, le nom ou la dénomination sociale, la profession et le domicile ou le siège des parties, selon le cas, et l'exposé sommaire de l'objet de la demande.

Le délai de comparution est de 8 jours francs entre la date figurant à l'accusé de réception sur le récépissé et la date de l'audience outre un jour par 10 km de distance.

Dans les cas qui requièrent célérité, le Président du Tribunal du Travail peut, par ordonnance rendue sur requête, permettre de convoquer à bref délai.

Article 32 :

Les remises dans une affaire portée devant le Tribunal de Travail ne peuvent dépasser le nombre de trois.

A la troisième audience, l'affaire doit être plaidée et communiquée au ministère public pour avis, lequel doit intervenir dans le délai de quinze jours à partir de la réception du dossier au Parquet.

Toutefois, le tribunal peut, à la requête d'une partie justifiant de motifs valables, accorder une quatrième et dernière remise.

Article 33 :

Les Tribunaux du Travail rendent leurs jugements dans un délai de 15 jours à partir de la prise en délibéré.

Article 34 :

Lors du délibéré, les Juges-assesseurs ont voix délibérative et les décisions sont prises à la majorité des voix.

Toutefois, s'il se forme plus de deux opinions, le moins ancien des Juges-assesseurs est tenu de se rallier à l'opinion du Président.

Article 35 :

Les frais de procédure sont payés conformément aux dispositions de droit commun.

Les honoraires et débours des experts, les taxes des témoins et autres dépenses de même nature sont tarifiés et mis à la charge du Trésor public.

La partie indigente est dispensée, dans les limites prévues par le Président du Tribunal de la juridiction, de la consignation des frais. Les frais d'expertise et les taxations à témoin sont avancés par le Trésor public.

L'indigence est constatée par le Président qui détermine les limites dans lesquelles les frais sont avancés par le Trésor.

Article 36 :

Tout Juge-assesseur peut être récusé pour l'une des causes énumérées limitativement ci-après :

1. si lui ou son conjoint a un intérêt personnel quelconque au litige ;
2. si lui on son conjoint est parent ou allié de l'une des parties jusqu'au second degré inclusivement ;
3. si dans l'année qui a précédé la récusation, il y a eu une action judiciaire civile ou pénale contre lui ou son conjoint et l'une des parties ;
4. s'il a donné un avis écrit sur le litige ;
5. s'il est employeur ou travailleur de l'une des parties.

Article 37 :

La partie qui veut récuser un Juge-assesseur est tenue de former son action sous peine d'irrecevabilité avant tout débat et d'en exposer les motifs à l'audience soit verbalement soit dans une déclaration motivée revêtue de sa signature.

Le Juge-assesseur récusé donne verbalement ou par écrit, suivant la forme dans laquelle la demande de récusation a été présentée, sa réponse portant soit acquiescement soit refus.

La réponse par écrit est donnée au bas de la déclaration de la partie récusante.

Article 38 :

Dans le cas où le Juge-assesseur récusé refuse de s'abstenir ou ne donne pas de réponse, la juridiction à laquelle il appartient statue toutes affaires cessantes sur la récusation, la partie récusante entendue.

Le Juge-assesseur mis en cause ne peut faire partie de la chambre appelée à statuer sur la récusation.

Article 39 :

Si le tribunal rejette la récusation, il peut ordonner pour cause d'urgence que la chambre comprenant le Juge-assesseur ayant fait l'objet de la récusation rejetée, poursuive l'instruction de la cause.

Article 40 :

En cas d'appel de la partie récusante et si le jugement rejetant la récusation est maintenu par la juridiction d'appel, celle-ci peut, après avoir entendu le récusant, le condamner à une amende de 10.000 à 30.000 FC constants sans préjudice des dommages et intérêts en faveur du Juge-assesseur mis en cause.

Article 41 :

En cas d'infirmation du jugement rejetant la récusation, le juge d'appel annule toute la procédure du premier degré et renvoie les parties devant le même tribunal autrement composé ou devant un tribunal voisin du même rang.

Article 42 :

Sous peine de déchéance, le Juge-assesseur se trouvant dans l'une des hypothèses prévues à l'article 36, est tenu de se déporter.

Article 43 :

Le Juge-assesseur, qui désire se déporter, informe le Président du Tribunal du Travail auquel il appartient, en vue de pourvoir à son remplacement.

Article44 :

Pour autant qu'elles ne soient pas contraires à la présente loi, les dispositions du Code de Procédure Civile sont d'application en matière du travail.

Chapitre IV : Des dispositions transitoires et finales

Article 45 :
Jusqu'à l'installation des Tribunaux du Travail, les juridictions de droit commun demeurent compétentes pour connaître des litiges individuels de travail.

Article 46 :
Un comité dont la durée et la composition sont arrêtées conjointement par les ministres ayant la Justice et le Travail et la Prévoyance Sociale dans leurs attributions a pour mission de s'assurer du bon fonctionnement des tribunaux du travail et de l'expédition régulière des affaires du travail.

BIBLIOGRAPHIE

1. Ouvrages

- ARNAL-ROUX, P. et TAPONAT, G., *Dialogue social : Former et développer les compétences des acteurs*, De Boeck, Louvain-la-Neuve, 2016.
- AUVERGNON, P. et KENOUKON, C., *Dialogue social dans les pays de l'espace Ohada et ailleurs dans le monde,* L'Harmattan, Paris, 2018.
- BERNIER, P., *Relations sociales en entreprise : Engager avec succès dialogue et négociation (Ressources humaines)*, Dunod, Paris, 2018.
- BERETTI, P., LITIQUE, A., WILBOIS-LAUZERAL, C., *Médiation des conflits au travail. Guide pratique,* Pearson, Paris, 2021.
- BOILLEAU, J-L., *Conflit et lien social. La rivalité contre la domination,* la Découverte/MAUSS, Paris, 1995.
- BORGETTO, M., LAFORE, R., *Droit de l'aide et de l'action sociale,* Lgdi, Paris, 2021.
- CAMERLYNCK, G.-H, *La grève est l'archétype des libertés spécifiques au droit du travail, c'est la liberté originaire,* Paris, 1984.
- CARNEGIE, D. et Associés, *Comment résoudre les conflits,* Le Livre de Poche, Paris, 2021.
- CHAUCHARD, J-L, *Réussir le dialogue social, Une approche pour tous les acteurs ;* Ed. d'Organisation, Paris, 2004.
- CLEMENT, F. et MARKET, L., *Consociativisme et dialogue social. Les relations professionnelles au Grand-Duché de Luxembourg*, Editions Universitaires Européennes, 2012.
- CHREBOR, L., LEROY, G., GONNNARD, C., *Code de la mutualité 2021*, 15ème éd Argus de l'assurance, Paris, 2021.

- CORMIER, S., *Dénouer les conflits relationnels en milieu de travail*, Presses de l'Université de Québec, Québec, 2004.

- COULIBALY, F., *Dialogue social au Mali : Réalités et enjeux*, L'Harmattan, Paris, 2019.

- DEBANDE, J-C., *Manager les relations sociales en entreprise en 65 fiches*, Vuibert, Paris, 2019.

- DERRIDJ, L., *Organiser le dialogue social dans sa collectivité*, Dalloz, Paris, 2020

- DEPEVROUX, J-J., BORGETTO, M., LAFORE, R., *Droit de la sécurité sociale*, Dalloz, Paris, 2015.

- DOMPNIER, M., *Gérer les relations sociales dans l'entreprise : Diriger une réunion de CE, évaluer le climat social, désamorcer une grève... Les dessous des cartes du dialogue social,* Eyrolles, Paris, 2015.

- DONZE, P-Y., *Histoire d'un syndicat patronal horloger- L'association cantonale bernoise des fabricants d'horlogerie (ACBFH) ; Association patronale de l'horlogerie et de la microtechnique (APHM), 1916-2006*, Alphil, Neuchâtel, 2006.

- DUQUESNE, F. et HEINTZ, J., *La négociation d'entreprise : 20 fiches pour décrypter le dialogue social de proximité point par point*, Gualino, 2019.

- FERRACCI, M. et GUYOT, F., *Dialogue social et performance économique,* Presses de Sciences Po, Paris, 2015.

- FOURNIER, J., *Le dialogue social dans la fonction publique*, Documentation française, Paris, 2002.

- FREUND, J., *Sociologie du conflit*, PUF, Paris, 1983 ;

- GAVA, M. J., CHAVANIS, J-L, *Outils et pratique de la médiation - Dénouer et prévenir les conflits dans et hors les murs : Dénouer et prévenir les conflits dans et hors les murs*, InterEditions, Paris, 2014.

- GILLARDIN, J. et Van der VORST, P., *Les conflits collectifs en droit du travail*, Presses de l'Université Saint Louis, Bruxelles, 1989.

- GRÉSY, J-E, DURET-SALZER, F., KURI, C., *La médiation au travail : Comment réussir ?* De Boeck Sup, Bruxelles, 2019.

- GROUX, G., NOBLECOURT, M. et SIMONPOLI, J-D., *Le Dialogue social en France : Entre blocages et Big Bang*, Odile Jacob, Paris, 2018.

- GUILLOT, J-P., *Osez le dialogue social dans l'entreprise*, Ed. de l'Atelier, Paris, 2010.

- …………...., *Faire vivre le dialogue social dans la fonction publique d'État*, Ed. de l'Atelier, Paris, 2011.

- GUINCHARD, R., *Les personnalités difficiles ou dangereuses au travail*, Ed. Elsevier Masson, Paris, 2013.

- HALIFA, Y. et EMONT, P., *Dialogue social : prenez la parole : Du combat au débat, de la méfiance à la confiance,* ESF Editeur, Paris, 2014.

- HARBULOT, C. et DELBECQUE, E., *La guerre économique*, PUF, Paris, 2011.

- HARVARD BUSINESS REVIEW, *Négociation et résolution de conflits*, Ed. d'Organisation, Paris, 2001.

- JOBERT, A. (Sous la dir. de), *Les nouveaux cadres du dialogue social : Europe et territoires*, Peter Lang, Bruxelles, 2008

- LANDIER, H., *Dialogue social : Une urgence pour l'entreprise*, L'Harmattan, Paris, 2015.

- LAPOINTE, P-A. (sous dir. de), *Dialogue social, relations du travail et syndicalisme. Perspectives historiques et internationales*, PULaval, Québec, 2016

- LASCOUX, J-L., *Pratique de la médiation professionnelle : Une méthode alternative à la résolution de conflits*, Ed. ESF, Paris, 2017.

- LOKO MANTUONO, G., *Droit social, droit du travail et de la sécurité sociale en RDC*, L'Harmattan, Paris, 2022.

- LOUFRANI, Y., *Droit du travail et gestion sociale de l'entreprise,* AENGDE, Paris, 1998.

- MALAREWICZ, J-A., *Gérer les conflits au travail : Développez la médiation face aux risques psychosociaux,* Pearson, Paris, 2016.

- MINE, M., *Le grand livre du droit du travail en pratique*, Eyrolles, Paris, 2021.

- MOTOI, I., Guide de résolution de conflits dans le travail en équipe, Pour un autoapprentissage individuel et en groupe, Presses de l'Université de Québec, Québec, 2016.

- MULUMA MUNUNGA, A.G.T., *Législation du travail et sécurité sociale en République Démocratique du Congo*, L'Harmattan, Paris, 2014.

- PALSTERMAN, P. et Van DROOGHENBRŒCK, J., *Le lock-out et la grève à travers le miroir de la Cour de cassation*, D. S., 1984.

- PETIT, F., *Syndicalisme et droits syndicaux*, LGDJ, Paris, 2019.

- PICARD, D. et MARC, E., *Les conflits relationnels*, PUF, Paris, 2008.

- POITRAS, J. MOISAN, F., PRONOVOST, S., *Gestion des conflits au travail. Mythes et meilleures pratiques*, Ed. Québec livres, Québec, 2018.

- RENEVOT, J. et LAMBERT, R., *Pour une pédagogie du dialogue social dans l'entreprise*, L'Harmattan, Paris, 1999.

- ROSENBERGE, M., *Dénouer les conflits par la communication non-violence*, Jouvence, Paris, 2021.

- RUCKERT, A., *Vous avez dit dialogue social ?* Le Bord de l'Eau, Paris, 2018.

- SANDEAU, M. et LASSERRE, H., *PME et dialogue social : Savoir négocier*, Chronique Sociale, Paris, 2004.
- SIMMEL, G., *Le conflit*, Circé, Paris, 1992.
- SMITH, E-R. et MACKIE, D-M., *Social Psychology*, Psychology Press Paylor &Francis, UK, 2007.
- STIMEC, A. et ADIJES, S., *La médiation en entreprise ; Faciliter le dialogue - Gérer les conflits - Favoriser la coopération*, Dunod, Paris, 2015.
- TAPONAT, G. et ARNAL-ROUX, P., *Dialogue social : Former et développer les compétences des acteurs,* De Boeck, Louvain-la-Neuve, 2016.
- WILONDJA KATAMBU, A. et WANI MAKELELE, A. *La servitude pénale en RDC. Maintien ou abolition.* Editions universitaires européennes, Sarrebruck, 2022.
- ZENTZ, F., *Au cœur des conflits*, Bastberg, Paris, 2007.

2. Revues et Périodiques

- BALOIS PROYART, J-C. « Anatomie du procès-verbal : les justices de paix, une source pour l'histoire du travail (Paris, années 1790 - années 1830) », *Revue d'histoire moderne & contemporaine,* vol. 4-5, n° 61-4/4 bis, 2014.
- BOCQUILLON, J-F., ALGLAVE, C., MARIAGE, M., « Les conflits collectifs », *Droit social*, 2022.
- RADJABU ANDJELANI, C. et MANGA ELONGO, J-P., « Règlement des conflits individuels du travail à l'inspection du travail et au tribunal de grande instance de Kindu de 2015 à 2016 », *International Journal of Innovation and Scientific Research*, vol. 40, n° 1, 2018.

3. Documents Officiels

- OIT, Dialogue social : Discussion récurrente en vertu de la Déclaration de l'OIT sur la justice sociale pour une mondialisation équitable : Sixième question à l'ordre du jour, Bureau International du Travail, Genève, 2013.

- .... , Systèmes de résolution des conflits du travail. Lignes directrices pour une performance accrue, Centre International de Formation, Genève, 2014.

- RDC, « Loi n° 82-001 du 7 janvier 1982 régissant la propriété industrielle », Kinshasa, 1982 ;

- .... « Loi n° 015/2002 du 16 octobre 2002 portant Code du travail », *Journal Officiel de la République Démocratique du Congo*, n° spécial, 43ème, Kinshasa, 25 Octobre 2002.

- ....Loi n° 016/2002 du 16 octobre 2002 portant création, organisation et fonctionnement des tribunaux du travail, Kinshasa, 2002.

- .... « La Constitution de la République Démocratique du Congo », *Journal Officiel de la République Démocratique du Congo*, n° spécial du 18 février 2006.

-........., Loi n° 015/2002 du 31 décembre 2015 modifiant et complétant le Décret du 30 janvier 1940 portant Code pénal, Kinshasa, 2015.

-........., Fédération des entreprises du Congo, Syndicat patronal, FEC, Kinshasa, 2015, [en ligne], http://www.fec-rdc.com/index.php/nos-services/syndicat-patronal

TABLE DES MATIÈRES

Structures éditoriales du groupe L'Harmattan

L'Harmattan Italie
Via degli Artisti, 15
10124 Torino
harmattan.italia@gmail.com

L'Harmattan Hongrie
Kossuth l. u. 14-16.
1053 Budapest
harmattan@harmattan.hu

L'Harmattan Sénégal
10 VDN en face Mermoz
BP 45034 Dakar-Fann
senharmattan@gmail.com

L'Harmattan Cameroun
TSINGA/FECAFOOT
BP 11486 Yaoundé
inkoukam@gmail.com

L'Harmattan Burkina Faso
Achille Somé – tengnule@hotmail.fr

L'Harmattan Guinée
Almamya, rue KA 028 OKB Agency
BP 3470 Conakry
harmattanguinee@yahoo.fr

L'Harmattan RDC
185, avenue Nyangwe
Commune de Lingwala – Kinshasa
matangilamusadila@yahoo.fr

L'Harmattan Congo
219, avenue Nelson Mandela
BP 2874 Brazzaville
harmattan.congo@yahoo.fr

L'Harmattan Mali
ACI 2000 - Immeuble Mgr Jean Marie Cisse
Bureau 10
BP 145 Bamako-Mali
mali@harmattan.fr

L'Harmattan Togo
Djidjole – Lomé
Maison Amela
face EPP BATOME
ddamela@aol.com

L'Harmattan Côte d'Ivoire
Résidence Karl – Cité des Arts
Abidjan-Cocody
03 BP 1588 Abidjan
espace_harmattan.ci@hotmail.fr

Nos librairies en France

Librairie internationale
16, rue des Écoles
75005 Paris
librairie.internationale@harmattan.fr
01 40 46 79 11
www.librairieharmattan.com

Librairie des savoirs
21, rue des Écoles
75005 Paris
librairie.sh@harmattan.fr
01 46 34 13 71
www.librairieharmattansh.com

Librairie Le Lucernaire
53, rue Notre-Dame-des-Champs
75006 Paris
librairie@lucernaire.fr
01 42 22 67 13

www.ingramcontent.com/pod-product-compliance
Lightning Source LLC
LaVergne TN
LVHW021222061026
849535LV00008B/2873
* 9 7 8 2 3 3 6 4 1 3 7 6 1 *